무익한 종에서 유익한 형제로

빌레몬서 강해와 묵상집

빌레몬서 강해와 묵상집

빌레몬서 안에서 참된 복음을 담아내다

무익(無益)한 종에서
유익(有益)한 형제로
PHILEMON

| 표창윤 지음 |

Edia

추천의글

●●●

빌레몬서의 주제는 그리스도 안에 있는 '용서와 사랑'이고 그것은 '형제애(兄弟愛)'를 뜻한다. 이런 아름다운 용서와 사랑의 하모니가 예수 안에서, 믿음 안에서, 어떻게 이루어지는가를 빌레몬서는 가르쳐 주고 있다.

우리는 지금까지 신앙생활을 영위해 오면서 얼마나 많은 과오와 잘못으로 하나님의 마음을 아프게 했을까? 그런 나를 하나님이 과연 받아주실 수 있을까? 그뿐만 아니라 우리는 나에게 잘못한 사람들에 대해서 어떤 마음과 태도를 보이는가? 아직도 분통해 하고 있지는 않은가? 용서할 마음은 없는가?

저자는 우리가 '오네시모'의 입장도 될 수 있고, '빌레몬'의 입장도 될 수 있고, 아니면 이 두 사람 사이에서 바울 같은 '중재자' 역할도 될 수 있다는 사실을 알고 빌레몬서를 묵상해 가면 좋겠다고 권면한다.

장만희 사관 구세군한국군국 사령관

●●●

저는 저자와 함께 학생시절 진주영문에서 믿음의 열정을 불태우며 지냈습니다. 당시 담임사관은 신실한 목회자의 모습과 신앙의 본이 되셨던 고 김석규 사관님이십니다.

누가 누구를 만나느냐는 것은 얼마나 중요한지 모릅니다. 사람은 보고 배우며 영향을 받기 때문입니다. 이 책의 저자는 그 사관님과 닮은 심성을 지녔습니다. 묵상집 곳곳에서 필자의 순수한 마음과 영혼을 향한 사랑이

느껴졌고, 굳이 이해할 필요 없이, 마음을 비우고 읽으면 되었습니다.

바울과 빌레몬, 그리고 집필자의 선한 영향력이 또다시 독자들을 통해 주변으로 흘러가기를 기원합니다.

김동진 사관 전 사관대학원대학교 총장

●●●

저자의 빌레몬서 강해와 묵상집 〈무익한 종이 유익한 형제로〉는 단순히 빌레몬서의 교훈을 이야기한 것이 아닙니다. 하나님의 구속사(救贖史)의 큰 틀에서, 그가 35년의 목회사역을 실행하면서 영혼을 구원시키려는 일념으로 피와 땀과 눈물로 성서말씀을 강해, 설교, 묵상한 것을 "빌레몬서 안에서 참된 복음을 담아낸" 영성어린 신앙고백서입니다. 빌레몬의 종이었던 오네시모를 믿음의 형제로 받아주었다면 지금 우리를 가로막고 있는 높은 담벼락을 허물어야 한다는 표창윤 사관의 확신 있는 메시지에 박애주의 사상을 느끼면서 그의 사랑의 의지에 존경합니다.

김준철 사관 전 구세군역사박물관장

●●●

구세군은 하나님께서 사관들에게 구주 예수 그리스도의 복음을 선포하도록 세우셨습니다. 하나님의 군대는 선교공동체로서 구령의 사명을 감당해야 하는데 사랑과 용서의 하모니가 이루어져야만 할 것입니다.

표창윤 사관은 사랑과 용서의 하모니가 요청되는 즈음에, 230개의 낱말과 1,292자로 된 빌레몬서 강해를 통해 오늘의 신앙공동체가 복음의 능력을 회복되기를 호소하고 있습니다.

　이 책을 통하여 낙인찍힌 자가 변화되어 다시 영문에 나오게 되면 받아들이지 않겠다는 사관과 영문을 떠나겠다는 하사관들도 아담을 부르는 하나님의 음성(창3:9)을 들으시고 "배교자 회복"을 위해 합심하여 복음 선교 전략에 재도약하기를 소망합니다.

홍성효 사관

●●●

주님이 주시는 영감으로 발간하게 된 귀한 도서를 손에 쥐고 제목을 통해서 겸손함이 겸비되었음을 느낍니다. 이 귀한 도서를 통해 사랑과 용서의 하모니가 널리 확산되기를 기도합니다.

곽용덕 사관

●●●

이 책을 우리 교회 교역자님들께 전하니 너무나 훌륭한 책이라고 평가하면서 미처 생각지 못한 부분까지 다뤄주어 큰 도움이 되었다고 합니다.

김세현

●●●

이 책을 통해 하나님의 말씀을 다시 한번 묵상할 수 있도록 해 주셔서 감사합니다.

김일동 사관

●●●

귀한 묵상집이 너무나 은혜롭습니다. 읽기도, 이해하기도 쉽게 잘 엮어져 있어서 그냥 밥 먹듯이 책장이 넘어갑니다. 한순간 깨어지며 주를 영접한 오네시모를 보면서 평생을 교회 다녀도 그런 삶을 살지 못한 내가 참 부끄럽게 느껴지는 책입니다. 귀한 책을 엮어주신 은혜에 감사한 마음을 전하며 추천합니다.

김형봉

●●●

이 책을 통해 말씀의 은혜를 공급받게 해 주신 하나님께 감사 기도하고 있습니다. 주옥같은 신앙묵상집이 더 많은 사람들에게 읽혀질 수 있기를 기도합니다. 앞으로도 더욱 좋은 책 집필하시어 한국 구세군의 문필가로 드높이시길 소망합니다. 요셉의 꿈이 이루어지듯 사관님의 꿈도 코로나시대 이루어져 많은 분들에게 위로와 격려가 될 수 있을 것입니다.

서주식 사관

●●●

귀한 자료입니다. 아주 감동적입니다. 언제나 영감이 넘치는 귀한 말씀들이 전해지기를 기도합니다.

이기용 사관

●●●

상세히 잘 알 수 있도록 집필하여 매일 매일 조금씩 읽기에 좋습니다. 이해해 가면서 읽고 성경 구절이 나오면 성경 찾아가면서 읽으니 큰 도움이 됩니다.

전민자

●●●

옥동자 하나 만들었네요. 잘 읽고, 감동받았습니다.

최영호 사관

●●●

많은 사람에게 유익한 감동이 되리라 생각됩니다.

최일규 사관

| 들어가는 글 |

믿음·신앙·목회의 뿌리가 된 말씀 훈련
많은 이들에게 유익한 선교의 밑거름으로

성경을 묵상하고 연구하기 시작한 지는 오래되었으나 아직도 성경은 나에게 있어서 늘 새로우면서도 미숙하고 연구 대상임은 틀림없어 보입니다.

1985년 6월, 구세군사관학교를 졸업하고 구세군창원영문(교회)에서 첫 목회를 시작할 때, 설교를 어떻게 할 것인가? 를 고민하던 차에 성서유니온에서 발간되는 '매일성경'을 접하게 되었고, 그때부터 제 말씀 묵상과 연구가 시작되었다고 봅니다. 창원영문에서 5년간 사역하는 동안 하나님은 저를 참으로 많은 말씀훈련을 시키셨습니다.

'Q.T'(Quiet Time)와 'P.B.S'(Personal Bible Study)는 고 '윤종하' 총

무(당시 성서유니온 총무)로부터, '프리셉트(Precept) 성경연구'는 '케이 아더'(Kay Arthur) 목사(여, 미국)로부터, '강해설교'는 '윌리암 블락'(William Black) 목사(당시 O.M.F 선교사, 부산에 거주, 스코틀랜드출신)로부터 말씀훈련을 받았습니다. 이런 말씀훈련은 창원영문에서부터 동대구영문에서 사역하는 동안 계속 이어져 왔습니다.

어쩌면 이것이 저의 말씀 신앙과 목회 사역의 큰 자산이요 밑거름이 되었다고 봅니다. 이런 말씀훈련이 저의 믿음의 뿌리, 신앙의 뿌리, 목회의 뿌리가 되어 지금까지 든든히 저의 삶과 목회 사역을 지탱해 오고 있음에 감사할 뿐입니다.

목회 37년 5개월 동안 창원영문, 동대구영문, 마산영문, 부산영문, 서울천연영문, 군산영문, 서울시립 은평의마을에서 사역하는 동안 저는 오로지 기도와 말씀사역과 전도사역에 전념할 수 있었습니다. 그리고 성경적 신앙만을 가르쳐 왔습니다.

'빌레몬서 강해와 묵상집'을 집필할 생각은 군산영문에 있을 때부터였습니다. 그러나 차일피일 미루어오다가 서울시립 은평의마을에 와서야 다시 집필하는 계기가 되었습니다. 그것은 무엇보다 이곳에서 생활하고 있는 분들이 어쩌면 빌레몬서에 나오는 '오네시모'와 같은 처지에 있는 사람들로 느껴지면서, 빌레몬의 노예였던 오네시모가 사도 바울을 만남으로 '무익한 자가 유익한 자'가 된 것처럼, 이분들도 한분 한분이 예수님을 만남으로 복음으로 변화되어 하나님 나라의 유익한 자들이 되기를 바라는 마음에서였습니다.

본서를 집필하면서 1부와 2부로 나누게 된 것은, 빌레몬서의 배경이라고 할 수 있는 복음의 주체인 예수님이 어떤 분인가를 알아야 하기에, 그리고 빌레몬서의 저자인 사도 바울이 어떤 사람인가를 알아야 하기에, 예수의 이야기와 바울의 이야기를 자세히 제1부에서 먼저 다루었습니다.

이 책은 은퇴를 앞 둔 2022년 10월 초판으로 발간되었고, 이제 모든 사역을 내려놓고 은퇴한 지금 내용을 다시 다듬고 모양을 새롭게 하여 재판으로 발행하게 되었습니다.

아무쪼록 묵상집을 발간할 수 있도록 협조해 주신 홍봉식 사관께 감사를 드립니다. 그리고 내용을 세심하게 살피고 지도해 주신 대선배이시자 저의 사관학교 교관이셨던 김준철 사관님, 친구로서 아낌없이 감수와 교정해 주신 김동진 사관께도 감사를 드립니다. 그리고 저의 졸고(拙稿)를 따뜻한 추천사로 격려해 주신 장만희 사령관님께 진심으로 감사를 드립니다. 또한 오네시모에 대한 삽화를 제공해 준 동기이

자 친구인 박원국 사관님, 그리고 정성을 다해 재판에 도움을 준 에디아의 박희정 대표님께도 감사를 드립니다.

저도 부족하고 배우지 못한 무익한 종으로서 이 묵상집을 집필하였지만, 바라기는 이 책이 모든 사람에게 유익한 책이 되고 선교의 밑거름이 되기를 바랍니다. 부디 이 묵상집을 대하는 모든 분들에게 하나님의 은혜와 축복이 넘쳐나시기를 주의 이름으로 기원합니다.

2024년 10월 1일

표창윤 사관

차 례

추천의 글 ··· 4

들어가는 글 ··· 8

제1부 빌레몬서 개요 및 배경

제 1 장
빌레몬서 개요
- 성경에서의 위치 ··· 16
- 저자 및 수신자 ··· 19
- 내용 및 주제 ··· 20

제 2 장
예수는 누구신가?
- 사람의 아들로서의 예수 ··· 30
- 하나님의 아들로서의 예수 ··· 31
- 메시아로서의 예수 ··· 54

제 3 장
바울은 누구인가?
- 청년 사울 ··· 71
- 회심하는 사울 ··· 75
- 사도로서의 바울 ··· 80
- 바울은 과연 사도인가? ··· 83

제2부 빌레몬서 강해와 묵상

제 1 장 **인사말** (1-3절)	인사 ⋯ 91 갇힌 자 된 바울 ⋯ 91 디모데 ⋯ 94 빌레몬 ⋯ 98
제 2 장 **빌레몬의 신앙** (4-7절)	빌레몬을 위해 기도하는 바울 ⋯ 129 사랑과 믿음을 가진 빌레몬 ⋯ 132
제 3 장 **바울의 간구** (8-10절)	결론적 간구 ⋯ 150 겸손한 간구 ⋯ 151 사랑의 간구 ⋯ 152 부성(父性)의 간구 ⋯ 153
제 4 장 **오네시모의 변화** (10-18절)	빌레몬의 종 오네시모 ⋯ 160 바울을 만난 오네시모 ⋯ 162 변화된 오네시모 ⋯ 164
제 5 장 **바울의 배려심** (18-19절)	명령하는 것보다 사랑으로 간구하는 마음 ⋯ 182 나의 필요보다 남의 필요로 먼저 우선하는 마음 ⋯ 183 타의(他意)에 의한 결정보다 자의(自意)에 의한 결정을 유도하는 마음 ⋯ 184 자신의 빚보다 남의 빚을 먼저 갚겠다는 마음 ⋯ 185 친필로 쓰는 배려하는 마음 ⋯ 186

| 제 6 장
**바울의 개인적인
부탁**(20-22절) | 자신의 기쁨과 평안을 요구하는 바울… 192
빌레몬의 순종을 확신하는 바울… 193
숙소 마련을 부탁하는 바울… 195 |

| 제 7 장
바울의 동역자들
(23-24절) | 에바브라… 199
마가… 200
아리스다고… 202
데마… 204
누가… 206 |

| 제 8 장
마지막 축원
(25절) | 사도 바울의 축복… 210 |

나가는 글… 212

무익한 종에서 유익한 형제로

제1부

빌레몬서 개요 및 배경

- 빌레몬서 개요
- 예수는 누구신가?
- 바울은 누구인가?

제1장 빌레몬서 개요

성경 66권 중에 잘 다루어지지 않고 숨어 있는 성경이 있다면 구약성경에서는 '오바댜'이며, 신약성경에서는 '빌레몬서'와 '유다서'일 것입니다. 그래서 빌레몬서를 아는 분도 계시겠지만, 모르는 분도 많을 것입니다. 빌레몬서는 어쩌면 신약성경에서 숨어 있는 보배라고 할 수 있습니다. 따라서 빌레몬서는 어떤 성경책일까? 성경 어디에 있을까? 어떤 내용을 담고 있을까? 묵상해야 할 이유는 무엇일까? 본서를 통해 우리는 어떤 교훈을 배울 수 있을까? 등의 질문을 가지고 접근해 보고자 합니다.

1. 성경에서의 위치

'빌레몬서'는 신약성경에서 '서신서'입니다

신구약 성경 66권을 구약 39권, 신약 27권으로 나누지만, 크게 여덟 개의 장르로 편집되어 있습니다.

구약성경은 네 개의 장르로 나눌 수 있습니다.
① 율법서(모세오경) : '창세기'에서 부터 '신명기'까지 다섯 권을 말합니다.

② 역사서 : '여호수아'부터 '에스더'까지 열두 권을 말합니다.
③ 지혜서(시가서) : '욥기'부터 '아가'까지 다섯 권을 말합니다.
④ 예언서(선지서) : '이사야'부터 '말라기'까지 열일곱 권을 말합니다.

신약성경도 네 개의 장르로 나눕니다.
⑤ 복음서 : '마태복음'에서 '요한복음'까지 네 권을 말합니다.
⑥ 역사서 : '사도행전' 한 권을 말합니다.
⑦ 서신서 : '로마서'부터 '유다서'까지 스물한 권을 말합니다.
⑧ 예언서 : '요한계시록' 한 권을 말합니다.

'빌레몬서'는 성경 위치상 신약성경에서 '서신서'에 속합니다. '서신서'라 함은 각 권이 당시 교회에 보내졌거나 개인에게 보낸 편지 형식으로 기록되어 있기에 붙여진 이름입니다. '로마서'부터 '유다서'까지가 이에 해당합니다. 서신서는 각 성경책의 끝 이름이 '~서'로 되어 있는 것이 특징입니다.

'빌레몬서'는 '바울서신'입니다

'서신서'는 크게 '바울서신'과 '공동서신'으로 구분합니다.

'바울서신'이라 함은 '로마서'부터 '히브리서'까지 14권을 말하는데, 주로 발신자가 사도 바울이기 때문입니다. 문제는 '히브리서'인데, 히브리서는 정확하게 저자가 누구인지 알 수 없으나 통상적으로 바울서신으로 보는 견해입니다. 그래서 히브리서를 바울서신의 맨 끝에 위치해 둔 이유가 여기에 있습니다.

'공동서신'은 '야고보서'부터 '유다서'까지 7권을 말하는데, '공동서신'이란 말은 저자가 야고보, 베드로, 요한, 유다인데 이를 한데 묶어 공동서신이라고 합니다. 또한, 특정교회나 개인에게 보낸 편지가 아니라 전체 교회를 위한 서신이라는 뜻에서 나온 말이기도 합니다. 그리고 '바울서신'과 '공동서신'의 차이점은, 책 제목으로도 구분할 수 있습니다. 즉 '바울서신'은 수신 대상이 교회냐 개인이냐에 따라서 책 이름으로 나오고, '공동서신'은 누가 보냈느냐에 따라서 책 이름이 나옵니다. 예를 들면 '로마서' 하면 사도 바울이 로마교회에 보낸 편지이기에 '바울서신'에 속하고, '야고보서' 하면 야고보가 보낸 편지이기에 '공동서신'에 속합니다. 따라서 '빌레몬서'는 사도 바울이 빌레몬에게 보낸 편지이기에 '바울서신'에 속합니다.

▌'빌레몬서'는 '옥중서신'입니다

'바울서신'은 또 일반서신과 옥중서신과 목회서신으로 나눕니다.

일반서신이라 함은, 바울서신 중에 옥중서신과 목회서신을 제외한 나머지 서신을 말합니다. 즉 로마서, 고린도전·후서, 갈라디아서, 데살로니가전·후서, 히브리서가 이에 해당합니다.

옥중서신이라 함은, 사도 바울이 로마 감옥에 갇혀 있는 동안 기록한 서신을 말합니다. 바울은 두 차례 로마 감옥에 투옥되는데, 1차 투옥 중에 기록한 서신은 에베소서, 빌립보서, 골로새서, 빌레몬서이며, 2차 투옥 때 기록한 서신이 디모데후서입니다.

목회서신은 그 당시 에베소 교회에서 목회하는 디모데와, 그레데섬에서 사역을 하고 있던 디도에게 보낸 편지를 말하는데, 디모데전·후서, 디도서가 이에 속합니다.

따라서 '빌레몬서'는 사도 바울이 1차로 로마 감옥에 투옥 중에 기록하였기에 '옥중서신'에 속합니다.

2. 저자 및 수신자

빌레몬서의 저자는 '사도 바울'이며(1:1,9), 수신자는 '빌레몬'입니다 (1:1).

바울서신 중에는 교회공동체에(로마, 고린도, 갈라디아, 에베소, 빌립보, 골로새, 데살로니가) 보낸 편지와 개인에게(디모데, 디도, 빌레몬) 보낸 편지로 나눌 수 있는데, 빌레몬서는 '빌레몬' 개인에게 보낸 편지입니다.

수신자는 빌레몬뿐만 아니라 몇몇 사람(압비아, 아킵보)이 언급되어 나오고(1:2), 특히 '교회'라는 말도 있기에 어쩌면 교회에 보낸 편지이기도 합니다. 아마도 당시 빌레몬의 집이 교회로 사용되었을 가능성이 커 보입니다. 그리고 빌레몬이 섬겼던 교회는 골로새교회였습니다.

이 서신을 기록한 시기는, 사도 바울이 제1차로 로마에 가택연금 상태로 수감(1:1)되어 있던 A.D. 62년경으로 추정하고 있으며, 이때 에베소서, 빌립보서, 골로새서를 기록한 것으로 알려져 있습니다. 이런 서신서를 가리켜 '옥중서신'이라고 합니다.

3. 내용 및 주제

'빌레몬서'는 1장 25절로 되어 있는 매우 짧은 책으로, 신약성경에서 세 번째로 짧은 책입니다.

참고로 신약성경에서 1장으로만 되어 있는 '요한이서'는 13절까지, '요한삼서'는 15절까지, '빌레몬서'와 '유다서'는 각각 25절로 되어 있습니다. 하지만 빌레몬서가 담고 있는 의미는 매우 크다고 봅니다.

사도 바울이 빌레몬에게 편지를 쓰게 된 이유는, 빌레몬의 종이었던 '오네시모'를 바울이 감옥에서 만났습니다. 바울을 만난 오네시모는 바울을 통해 복음을 듣게 되었고 그 결과 예수 그리스도를 믿어 구원을 얻게 됩니다. 따라서 오네시모는 거듭난 사람으로 '종'의 신분이 아닌 바울의 '형제'가 되었습니다(16절). 바울은 그를 복음으로 낳은 '아들'로 생각할 정도였습니다(10절). 그런 오네시모를 다시 빌레몬에게 보내기 위해 이 편지를 쓴 것입니다. 즉 도망친 노예 오네시모를 용서하고 믿음의 형제로, 동역자로 받아들이라는 내용입니다.

따라서 빌레몬서가 담고 있는 성경적 의미가 매우 크다고 보는 것은, 그것은 어쩌면 풀 수 없는 문제를 풀 수 있는 해답을 주기 때문입니다. 그 문제는 다름 아닌 당시 상전과 종이 어떻게 하나가 될 수 있는가? 주인이었던 '빌레몬'이 잘못을 저지르고 도망쳐 나간 종이었던 '오네시모'를 어떻게 용서하고 다시 받아 줄 수 있는가? 그것도 믿음의 형제로 말입니다.

　이것은 유대인들이 이방인들을 자신들과 동일하게 하나님의 백성으로 받아 줄 수 있느냐는 문제와 호세아가 남편을 버리고 집을 나간 고멜을 어떻게 다시 받아 줄 수 있느냐는 문제와 같은 맥락입니다. 즉 보이지 않는 장벽을 어떻게 무너뜨릴 수 있느냐는 문제입니다. 이것은 어떻게 보면 풀 수 없는 숙제인 것처럼 보이지만, 성경은 이 모든 일이 가능함을 보여주고 있습니다. 그것은 믿음 안에서만, 복음 안에서만, 은혜 안에서만, 예수 안에서만 가능하기 때문입니다.

　그렇다고 빌레몬이 오네시모를 용서하고 받아주었다는 기록은 없습니다. 바울이 빌레몬에게 그렇게 해 줄 것을 당부하고 있을 뿐입니다. 오네시모를 받아주느냐? 받아주지 않느냐? 는 빌레몬에게 달려 있습니다. 하지만 바울은 빌레몬이 그렇게 해 줄 것을 믿고 있습니다. 그것은 빌레몬의 신앙을 믿기 때문입니다. 이제 바울이 제시한 숙제를 풀이야 할 사람은 바로 빌레몬 자신인 셈입니다.

　따라서 빌레몬서의 주제는 그리스도 안에 있는 '용서와 사랑'입니다. 그것은 어쩌면 '형제애'입니다. 이런 아름다운 용서와 사랑의 하모니가 예수 안에서, 믿음 안에서 어떻게 이루어지느냐를 빌레몬서는 가르쳐 주고 있습니다.

　그리고 어쩌면 정치적, 사회적으로 볼 때 그 당시 로마 사회 문제의 근간인 '노예제도'를 들고 나왔다는 점입니다. 도망친 노예를 받아들인다는 것은 로마 제국 안에서는 꿈도 꿀 수 없는 일이지만 하나님 나라 안에서는 가능함을 보여주고 있습니다.

　사실 사회법상으로는 도망친 노예는 죽어 마땅하지만, 그리스도 법상으로는 어떤 경우든 용납할 수 있기 때문입니다.

　또한 '세상적 의'는 잘못한 사람에게 잘못을 지적하고 정죄하지만, '그리스도의 의'는 잘못한 사람을 올바른 데로 인도하는 것이기에, 그래서 죄인을 의인으로, 무익한 자를 유익한 자로 만드는 것이기에, 이런 면에서 빌레몬서는 하나님의 큰 자비를 대변해 주고 있다고 하겠습니다.

그렇다면 현대를 사는 우리는 어떻습니까?

우리도 오네시모처럼 자신의 사명과 직분과 사역에서 도망쳐 나오지는 않았습니까?

우리도 때로는 가정에서, 교회에서, 직장에서 잘못을 저지르고 뛰쳐나오지는 않았습니까?

그렇다면 우리가 어떻게 그 자리에 다시 돌아갈 수 있을까요? 돌아가면 과연 나를 용서하고 받아 줄 수 있을까요?

또 우리는 지금까지 신앙생활을 영위해 오면서 얼마나 수 없는 과오와 잘못으로 하나님의 마음을 아프게 했습니까? 그런 나를 하나님이 과연 받아주실까요?

그뿐만 아니라 우리는 나에게 잘못한 사람들에 대해서 어떤 마음과 태도를 보였는지요? 아직도 분통해 하고 있지는 않은가요? 용서할 마음은 없는가요?

따라서 우리는 '오네시모'의 입장도 될 수 있고, '빌레몬'의 입장도 될 수 있고, 아니면 이 두 사람 사이에서 바울 같은 '중재자' 역할도 될 수 있다는 사실을 알고 빌레몬서를 묵상해 가면 좋겠습니다.

제2장 예수는 누구신가?

'빌레몬서'에서 '예수'는 실제 등장인물은 아닙니다. 하지만 사도 바울이 증거하고 있는 예수입니다. 빌레몬이 믿는 예수입니다. 오네시모가 예수를 믿음으로 변화가 되었습니다. 그러기에 예수님이 어떤 분인가에 집중할 필요가 있습니다. '복음서'가 있어야 '사도행전'이 있고, 그다음 '서신서'가 있고, 마지막에 '요한계시록'이 있듯이, 빌레몬서를 이해하려면, 또 사도 바울을 이해하려면 먼저 예수 그리스도를 알아야 합니다. 이런 맥락에서 '예수님은 누구신가?'에 대해서, 예수님을 만나려면 복음서로 돌아가야 하기에, 복음서를 바탕으로 성경적인 사실만을 이 장에서 다루고자 합니다.

빌레몬서를 열다

빌레몬서를 열면 1절에서 우리는 네 사람을 만나게 됩니다.

'그리스도 예수' '바울' '디모데' '빌레몬'입니다. 이 중에 제일 먼저 언급된 분이 '그리스도 예수'입니다. 그렇다면 '그리스도 예수'가 누구인지를 먼저 알아야 합니다. 우리가 그리스도 예수를 만나려면 '복음서'로 돌아가야 합니다. 복음서가 예수 그리스도를 증거하고 있기 때문입니다. '그리스도 예수'는 복음의 핵심이자 예수님이 어떤 분인가를 알아야 빌레몬서를 이해하는 중요한 단서가 되기 때문입니다. 따라서 '예수 그리스도가 누구신지?'에 대한 부분을 집중적으로 다루고자 합니다.

참고로 우리는 '성경을 읽는다'라는 표현을 많이 씁니다만, 성경을 읽기 위해서는 어느 성경이든 읽고 싶은 곳을 찾아 펼쳐야 합니다. 그것을 '성경을 연다'라고 표현할 수 있습니다. 성경을 읽기 전에 성경을 여는 것이 먼저입니다. 즉 빌레몬서를 읽기 위해서는 빌레몬서가 있는 곳을 찾아 열어야 합니다. 우리가 집 안으로 들어가기 위해서는 대문이나 현관문을 열듯이 말입니다. 보물 창고의 문을 열면 보물이 보여야 하고, 연탄 창고의 문을 열면 연탄이 쌓여 있는 것이 보여야 합니다.

마찬가지로 우리가 어느 성경책을 선택해서 그 성경을 열면, 앞에서 말한 장르에 따라 즉 '율법서'를 열면 율법이 보여야 하고, '역사서'를 열면 그 시대의 역사가 보여야 하고, '지혜서'를 열면 지혜가 보여야 맞습니다. '복음서'를 열면 복음의 주체인 예수가 보여야 하고, '사도행전'을 열면 사도들의 행적이 보여야 하고, '서신서'를 열면 바울을 비롯한 사도들의 신앙(가르침)이 보여야 하고, '요한계시록'을 열면 마지막 종말에 있을 일들과 하나님 나라의 완성이 보여야 합니다. 그래서 성경을 연다는 것이 얼마나 큰 의미가 있음을 우리는 알아야 합니다. 그리고 우리가 성경을 열 때 하나님께서 지혜를 주십니다.

시편 119:130 '주의 말씀을 열면 빛이 비치어 우둔한 사람들을 깨닫게 하나이다'

이 말씀에서 보듯이, 우리가 하나님의 말씀인 성경을 펼치기만 하면 성령의 빛이 비치어 그 말씀을 깨닫게 하십니다. 말씀을 깨닫게 하시는 분은 성령님이시지만 성경을 여는 것은 내가 해야 합니다. 또한, 성경을 읽기 위해서는, 또 그 말씀을 깨닫기 위해서는 내 눈도 열려야 합니다.

시편 119:18 '내 눈을 열어 주의 율법에서 놀라운 것을 보게 하소서'

영적인 눈이 열릴 때 성경 속에 있는 놀라운 진리들을 발견하게 됩니다. 그리고 내 입도 열려야 합니다.

시편 119:131 '내가 주의 계명들을 사모하므로 내가 입을 열고 헐떡였나이다'

우리가 말씀을 소리 내어 읽기도 하고, 소리 내어 암송도 하고, 또 말씀을 읽거나 들을 때마다 입으로 '아멘'으로 화답할 때 그 말씀은 살아 역사하게 됩니다. 이렇게 하나님의 말씀을 사모하는 마음으로, 내 눈과 귀와 입이 열리기만 하면, 하나님의 말씀 세계에서 무한한 진리와 교훈들을 발견하게 될 것입니다.

누가복음 24:45 '이에 그들의 마음을 열어 성경을 깨닫게 하시고'

사도행전 16:14 '주께서 그 마음을 열어 바울의 말을 따르게 하신지라'

이뿐만 아니라 우리가 정상적인 신앙생활을 영위하기 위해서는 단계가 필요합니다. 먼저 우리는 '복음서'를 통해 '예수님'을 만나야 합니다. 예수님이 누구신지, 그분이 왜 오셨는지, 그분이 어떤 일들을 행하셨는지, 그분이 왜 십자가에 돌아가셨는지, 그분이 어떻게 부활하셨는지, 부활하신 예수님은 어떻게 승천하셨는지, 승천하신 예수님은 언제 다시 오시는지, 이런 등등의 사실들을 알아야 합니다. 그리고 그러한 사실들을 믿어야 합니다. 그리고 그분을 영접해야 합니다.

그다음 '사도행전'을 통해 '성령님'을 만나야 합니다. 예수님이 어떤 분인가를 알아야 하듯 성령님이 어떤 분인가도 알아야 합니다. 그리고 성령을 받아야 합니다. 예수는 믿는데 성령을 받지 못한 사람들이 많습니다.(엡19:1-6). 성령을 받아야 '복음적 신앙'에서 '사도행전적 신앙'으로 나아갈 수 있습니다. 그래야 예배당에 앉아서 예배만 드리는 신잉에서, 지역 전도와 세계선교에도 뛰어들 수 있는 신앙인으로 나아갈 수 있기 때문입니다.

그다음 '서신서'를 통해 '사도'들을 만나야 합니다. 바울, 야고보, 베드로, 요한 등을 통해 그분들의 가르침과 신앙을 배워야 합니다. 그분들의 가르침을 통해 교회 생활과 올바른 신앙관을 정립해 나가야 합니다. 덕을 세우고 선을 행해야 합니다. 교회 안에서 거치는 자가 아니라 많은 사람의 유익을 구하는 자가 되어야 합니다. 그리고 주어지는 온갖 고난과 핍박을 견뎌내야 합니다. 십자가를 지고 끝까지 주님의 길을 따라가야 합니다. 그럴 때 마지막 '요한계시록'을 통해 구원의 기쁨을 맛보게 됩니다. 주의 영광의 나라에 들어가게 됩니다. 승리의 찬가를 부르게 됩니다. 새 하늘과 새 땅을 맞이하게 됩니다. 재림의 주님을 다시 만나게 될 것입니다. 이것이 우리가 걸어가야 할 정상적인 '신앙의 정로'입니다.

그리스도 예수

먼저 '그리스도(Christ, 크리스토스)'라는 말은 '기름 붓다'를 뜻하는 '크리오'에서 파생되었으며, 아람어로는 '메쉬하', 히브리어로는 '마쉬아흐'에 해당하며, 그 의미는 어떤 직책을 위해 의식적으로 '기름 부음 받은 자'를 의미합니다. '마쉬아흐'나 '메쉬하'를 이스라엘 사람들은 통상적으로 '메시야'로 불렀습니다. 따라서 '그리스도'는 헬라어이며, '메시야'는 히브리어로 같은 의미로 쓰이고 있습니다. 즉 그리스도는 메시야를 말합니다.

구약에서 기름 부음을 받은 사람은 선지자, 제사장, 왕이었습니다. 이들에게 기름 부음은 이들을 성별하기 위한 표시였습니다. 후에는 기름을 붓지 않고도 하나님의 사명을 담당하는 자를 가리키기도 했습니다. 어쨌든 이들은 다 그리스도의 모형입니다. 따라서 구약성경 곳곳에는 하나님이 '메시야'를 보내 주시겠다는 약속의 말씀들이 수없이 기록되어 있는데, 바로 '예수'가 구약성경에서 예언한 오실 '그리스도'입니다.

요한복음 4:25-26 '여자가 이르되 메시야 곧 그리스도라 하는 이가 오실 줄을 내가 아노니 그가 오시면 모든 것을 우리에게 알려 주시리이다 예수께서 이르시되 네게 말하는 내가 그라 하시니라'

그런데 성경에서 말하는 메시야와 유대인들이 기다리고 바랐던 메시야관은 달랐습니다. 성경이 말하는 메시야는 한 마디로 고난의 종이 될 것이라고 이사야 선지자는 말합니다(사53:4-9). 고난 당하는 메시야는 결국 죽게 될 것이지만, 죽음으로 끝나지 않고 다시 살아나셔서 하나님 나라를 회복할 것을 말합니다.

그러나 당시 종교지도자들과 유대인들은 이런 메시야를 기다린 것이 아니라, 정치적이고 물질적인 메시야를 기다렸던 것입니다. 즉 이스라엘을 로마로부터 해방시켜줄 정치적 메시야를 기다렸습니다. 하지만 예수님은 군사를 동원해서 전쟁을 일으키시는 메시야가 아닌 이 땅에 진정한 평화와 자유 그리고 구원을 가져다주시기 위해 오신 메시야임을 보여주었습니다. 그 방법은 전쟁이 아닌 자신의 죽음이었습니다. 즉 죽는 메시야로 오신 것입니다. 예수님의 죽음은 우리를 구원하기 위한 죽음이었습니다. 그 이름이 이를 증명하고 있습니다.

'예수(Jesus, 이에수스)'라는 이름은 구약의 '여호수아'와 바벨론 포로 이후에 불렸던 '예수아'가 '예수'로 불린 것인데, 그 이름은 '여호와'라는 신성한 이름을 포함한 오래된 이름으로써 '여호와는 도움이시다.' 또는 '여호와는 구원이시다'라는 뜻입니다. 그래서 '여호수아'의 준말이 '호세아'요 '호세아'의 준말이 '예수'입니다. 이들의 이름의 뜻은 다 같습니다.

성경에는 '여호수아' '호세아' '예수'라는 이름을 가진 사람들이 나옵니다. 하지만 이들은 다 우리가 말하는 진정한 구원자 예수는 아닙니다.

'예수'라는 이름은, 천사가 마리아에게 그녀가 낳을 아들의 이름으로 알려준 것으로, 그의 사명을 나타내고 있습니다. 즉 '예수'는 '구원할 자' 즉 '구세주' '구주' '주'가 되신다는 뜻입니다.

> 마태복음 1:21 '아들을 낳으리니 이름을 예수라 하라 이는 그가 자기 백성을 그들의 죄에서 구원할 자 이심이라 하니라'

1. 사람의 아들로서의 예수

그렇다면 어떻게 예수가 그리스도인지 그의 생애를 살펴보면, 먼저 예수는 사람의 아들이었습니다.

예수는 역사적 인물입니다. 즉 우리와 똑같이 태어난 생일이 있고, 자라난 고향이 있고, 함께 살았던 가족이 있고, 나름대로 삶이 있었고, 그리고 마지막으로 죽음이 있었습니다. 그러니까 예수는 우리처럼 이 땅에서 태어나서 이 땅에서 살다가 이 땅에서 죽은 한 사람에 불과합니다.

예수님이 태어난 때는 '가이사 아구스도'가 로마 황제로 있을 때(눅 2:1), '구레뇨'가 수리아 총독으로 있을 때(눅2:2), '헤롯'이 유대 땅을 다스리고 있을 때, 유대 땅 베들레헴 동네에서 태어났습니다(마 2:1, 눅 2:4,11, 미 5:2). 이때가 B.C.4년경으로 보고 있습니다.

그의 부모는 '요셉'과 '마리아'였습니다. 그러나 어린 예수는 베들레헴에서 태어났지만, 헤롯의 핍박으로 잠시 가족들과 애굽으로 피신할 수밖에 없었습니다. 헤롯이 죽은 뒤(마2:19) 예수는 갈릴리 나사렛으로 돌아와 가족과 함께 살게 됩니다(마2:23). 예수의 가족은 부모인 요셉과 마리아, 그리고 예수, 예수의 동생인 야고보, 요셉, 시몬, 유다와 누이들이 있었습니다(마13:55, 막6:3). 예수의 가족은 누이들이 몇 명이었는지에 따라서 적어도 아홉 명 이상이었을 것입니다. 따라서 예수는 '요셉의 아들'(눅3:23), '마리아의 아들'(막6:3), '목수의 아들'(마13:55), '나사렛 예수'(요1:45), '갈릴리 사람'(마26:69) 등으로 불렸습니다.

여기까지가 우리와 똑같은 육신을 입은 '인간 예수'로 사셨습니다. 적어도 서른 살까지는 말입니다.

2. 하나님의 아들로서의 예수

그런데 예수는 우리와 다른 분입니다. 예수는 왜 우리와 다른가? 이 부분을 우리가 잘 이해해야 예수가 하나님의 아들이요 그리스도임을 믿을 수 있습니다.

먼저, 예수의 잉태와 탄생이 우리와 다릅니다.

▎예수님은 어떻게 잉태되었나?

예수의 잉태는 우리와 다릅니다. 사람은 남녀의 결합을 통해 잉태됩니다. 그러나 예수님은 요셉과 마리아가 결혼하기 전에 성령으로 잉태

됩니다(마1:18). 이 부분이 이해가 잘 안 될 줄로 압니다. 이 부분을 누가복음 1장 26~38절에서 좀 더 자세히 살펴보고자 합니다.

동정녀 마리아

마리아가 어떻게 남자를 알기 전에 잉태했는가 하면, 하루는 천사가 갈릴리 나사렛 동네에 다윗의 자손 요셉과 약혼한 처녀인 마리아를 찾아갑니다. "은혜를 받은 자여 평안할지어다. 주께서 너와 함께 하시도다" 하며 인사를 합니다. 마리아는 자기에게 갑자기 찾아와 말을 건네는 천사를 보고 놀라 어찌 된 일인가 싶었을 것입니다. 그때 천사가 또 이런 말을 합니다. "마리아여 무서워하지 말라. 네가 하나님께 은혜를 입었느니라. 보라 네가 잉태하여 아들을 낳으리니 그 이름을 예수라 하라"고 합니다. 그때 마리아가 의아한 듯 묻습니다. "나는 남자를 알지 못하는데 어찌 이 일이 있으리까?" 이 말은 마리아가 요셉과 약혼은 했지만 아직 정식으로 결혼을 했다거나 함께 살지도 않는데 어떻게 아이를 낳을 수 있느냐는 말입니다. 그때 천사가 설명해 줍니다. "성령이 네게 임하시고 지극히 높으신 이의 능력이 너를 덮으시리니 이러므로 나실 바 거룩한 이는 하나님의 아들이라 일컬어질 것이다"라고 합니다.

이 말을 통해 알 수 있듯이, 마리아는 남자를 통해 임신한 것이 아니라 '성령으로' '지극히 높으신 이' 즉 '하나님의 능력'으로 임신을 한 것입니다. 그러므로 태어날 아기는 사람의 아들이 아닌 '거룩한 이'요 '하나님의 아들'이라 불리게 될 것이라는 말입니다. 바로 '예수'가 그런 분입니다.

그리고 '처녀가 잉태하여 아들을 낳는다'라는 말도, 이미 구약성경 이사야서를 통해 예언한 바 있습니다. '처녀'는 바로 '마리아'를 가리킵니다. (성경은 마리아가 '처녀'임을 계속 강조하고 있습니다.)

> **이사야 7:14 '그러므로 주께서 친히 징조를 너희에게 주실 것이라 보라 처녀가 잉태하여 아들을 낳을 것이요 그의 이름을 임마누엘이라 하리라'**

여기서 '임마누엘'이란 말은, '하나님이 우리와 같이 계신다'라는 뜻인데, 바로 예수님을 말합니다. 예수님은 우리와 함께 계시기 위해 오신 하나님이십니다. 그러면서 천사는 마지막으로 중요한 한마디를 합니다. "대저 하나님의 모든 말씀은 능하지 못하심이 없느니라"라고 합니다. 이 말도 어떻게 보면 구약시대 때, 아브라함의 아내 사라가 나이가 너무 많아 임신하지 못할 때, 천사가 찾아와 아들을 낳을 것이라고 말씀하면서 "여호와께 능하지 못한 일이 있겠느냐?"(창18:14)는 말씀과 같은 맥락으로 이해할 수 있습니다.

어쨌든 이런 천사의 말을 들은 마리아는 "주의 여종이오니 말씀대로 내게 이루어지이다"라고 합니다. 이후로 마리아는 예수를 잉태하게 됩니다.

의로운 요셉

　이런 잉태 과정을 마리아의 약혼자였던 요셉은 알 리가 없습니다. 그래서 다시 마태복음 1장 18~25절을 보면, 결혼하기 전에 마리아가 임신한 것을 요셉이 알게 됩니다. 그 당시 처녀가 결혼하기 전에 임신하게 되면 돌로 쳐 죽이기까지 했습니다. 그런데 요셉은 의로운 사람이라 마리아의 임신 사실을 드러내지 아니하고 가만히 끊고자 파혼을 생각하던 차에, 주의 사자가 요셉에게 꿈으로 나타나 하시는 말씀이 "다윗의 자손 요셉아, 네 아내 마리아 데려오기를 무서워하지 말라. 그에게 잉태된 자는 성령으로 된 것이라"라고 설명해 줍니다. 즉 마리아가 부정해서 다른 남자의 아이를 잉태한 것이 아니라 하나님 성령의 능력으로 잉태되었다고 설명합니다. 그러므로 안심하고 데려와도 좋다는 것입니다. 그러면서 "아들을 낳으리니 이름을 예수라 하라. 이는 그가 자기 백성을 그들의 죄에서 구원할 자이심이라"라고 합니다.

　그런 천사의 말을 꿈을 통해 들은 요셉은 잠에서 깨어 일어나자마자 주의 사자의 분부대로 정혼한 마리아를 데려옵니다. 이때부터 요셉과 마리아는 정식 부부로 살게 되지만 중요한 것은, 아들을 낳기까지 동침하지 않았습니다. 그러니까 예수는 우리처럼 부부관계를 통해 태어난 분이 아님을 성경은 밝히고 있습니다.

▎예수님이 탄생할 때 무슨 일이 있었나?

　예수님의 탄생도 마찬가지입니다.

예수님의 탄생은 특별했습니다.

우리는 누가 어디서 언제 태어날지 아무도 모릅니다. 또 우리가 세상에 태어났다 하더라도 부모나 집안 식구들 외에는 모릅니다. 옛날을 생각해 보면 어느 집에서 남자아이가 태어나면 대문 앞에 고추를 달아 놓습니다. 그러면 이웃 사람들이 그 집에 아들이 태어났음을 알게 됩니다. 지금 시대는 대부분이 병원에서 출산하기에 더더욱 알기가 어렵습니다. 그러나 예수님이 태어날 때는 우리와 달랐습니다.

누가가 전하는 복음

먼저 누가복음 2장 8-20절을 보면, 예수님이 태어났을 때 있었던 일을 기록하고 있습니다.

목자들이 밤에 양 떼를 지키고 있을 때 주의 사자가 곁에 서고 주의 영광이 그들을 두루 비추자 목자들은 갑작스러운 광경에 크게 두려워합니다. 그때 천사가 말하기를 "무서워하지 말라. 보라 내가 온 백성에게 미칠 큰 기쁨의 좋은 소식을 너희에게 전하노라"고 합니다. 이 말씀에서 보듯이, 예수의 탄생은 어느 한 사람의 탄생이 아닌 '온 백성에게 미치는 큰 기쁨의 좋은 소식'입니다. '기쁨의 좋은 소식'은 바로 '복음(福音)'을 말합니다. 예수의 탄생이 왜 온 백성에게 미치는 큰 기쁨의 소식(복음)일까요? 그다음 구절에서 말해 주고 있습니다.

"오늘 다윗의 동네에 너희를 위하여 구주가 나셨으니 곧 그리스도 주 시니라"

'다윗의 동네'는 '베들레헴'을 말합니다. 그곳에서 '오늘' '너희를 위하여' '구주'가 태어났다는 것입니다. 그분이 바로 '그리스도 주'라고 합니다. 즉 오늘 베들레헴에서 태어난 아기는 보통 사람이 아니라 그분이 '구세주'요 구약성경에 예언된 '메시야 즉 그리스도'라는 사실을 알려주고 있습니다. 그러면서 천사가 "너희가 가서 강보에 싸여 구유에 뉘어 있는 아기를 보리니 이것이 너희에게 표적이니라"고 합니다.

그때 수많은 천군 천사들이 나타나 "지극히 높은 곳에서는 하나님께 영광이요 땅에서는 하나님이 기뻐하신 사람 중에 평화로다"라고 찬양이 온 들판에 울려 퍼집니다. 얼마나 아름답고 웅장하고 멋진 천사들의 광경임을 짐작하고도 남을 것입니다.

이렇게 예수님의 탄생을 천사들이 알려줄 뿐 아니라 천군 천사들이 찬양할 정도로 하나님의 아들이 이 땅에 태어남을 축하 공연을 한 셈입니다.

이제 목자들은 천사들이 떠나자 "우리가 베들레헴으로 가서 주께서 우리에게 알리신 바 이 이루어진 일을 보자"고 하면서, 양 떼를 들판에 둔 채 발걸음을 재촉하여 마리아와 요셉과 구유에 누인 아기를 찾아 확인하기에 이릅니다. 목자들은 아기 예수를 찾아서는 천사가 자기들에게 말한 것을 전하자 그 말을 듣는 자들이 놀랍게 여기지만, 마리아는 그 모든 말을 마음에 새깁니다. 마리아와 요셉만이 예수 탄생의 비밀을 알고 있었기 때문입니다.

마태가 전하는 복음

예수의 탄생과 관련된 또 다른 이야기가 마태복음 2장 1-12절에 나옵니다. 즉 동방박사들 이야기입니다.

헤롯 왕 때에 예수께서 유대 땅 베들레헴에서 태어날 즈음에 동방으로부터 박사들이 예루살렘을 찾아옵니다. 찾아온 목적은 '유대인의 왕'으로 나신 이에게 경배하러 왔다고 합니다.
그런데 동방박사들이 그 먼 곳에서 유대인의 왕이 태어난 것을 어떻게 알고 찾아 왔을까요? '우리가 그의 별을 보고' 찾아 왔다고 합니다. 그러니까 예수님이 탄생할 즈음에 유난히 큰 별이 서쪽 하늘에 떠 있는 것을 보고, '유다 땅에 왕이 태어났는가 보다'하고 경배하기 위해 예루살렘까지 찾아 왔던 것입니다.
문제는 갑작스러운 동방박사들의 방문과 '유대인의 왕으로 나신 이'를 찾아 왔다는 말에, 헤롯왕을 비롯한 예루살렘 사람들이 듣고 큰 소동이 일어났습니다. '유대인의 왕으로 나신 이'가 누구냐는 것입니다. 그렇다고 지금의 왕(헤롯)이 아들을 낳은 것이 아니었기 때문입니다. 그래서 당황한 사람은 바로 헤롯왕이었을 것입니다. 이렇게 예수님의 탄생은 바로 온 세상을 소동케 한 사건임은 틀림없습니다.

'소동'과 관련해서 참고로 말씀드리고 싶은 것은, 예수님이 탄생했을 때뿐만 아니라 나중에 예수님이 마지막 십자가 죽음을 앞두고 예루살렘 성으로 들어오실 때도 또다시 예루살렘에는 큰 소동이 일어납니다(마21:10). 그리고 예수님이 죽으시고 승천하신 후 오순절 날에 성령으로 강림하셨을 때에 또다시 예루살렘은 소동합니다(행2:6). 저는 이런 것을 보면서 예수님의 '탄생'(예수님이 육신으로 우리에게 오심)이나, 예수님의 '입성'(예수님이 메시야로 우리에게 오심)이나, 성령님의 '강림'(예수님이 영으로 우리에게 오심)이 보여주는 것은, 그분이 우리와 다른 분이시라는 사실입니다. 그래서 소동할 수밖에 없었던 것입니다. 그리고 나중에 사도들이 복음을 들고 찾아가는 곳마다 크고 작은 소동들이 일어나는 것을 사도행전을 통해 보게 됩니다.

다시 마태복음으로 돌아옵니다.

헤롯은 모든 대제사장과 서기관들을 모아 "그리스도가 어디서 나겠느냐?"고 묻습니다. 이것을 보면 어쩌면 헤롯왕도 '그리스도'에 대해 어느 정도 알고 있었는지도 모릅니다. 서기관들의 대답이 "유다 베들레헴"이라고 말합니다. 서기관들이 그렇게 말한 것은 구약성경 미가 5장 2절에 나오는 말씀을 근거한 것입니다.

> **미가 5:2 '베들레헴 에브라다야 너는 유다 족속 중에 작을지라도 이스라엘을 다스릴 자가 네게서 내게로 나올 것이라 그의 근본은 상고에, 영원에 있느니라'**

이것을 마태복음에서는 이렇게 기록하고 있습니다.

마태복음 2:6 '또 유대 땅 베들레헴아 너는 유대 고을 중에서 가장 작지 아니하도다. 네게서 한 다스리는 자가 나와서 내 백성 이스라엘의 목자가 되리라'

헤롯이 가만히 박사들을 불러서 별이 나타난 때를 자세히 묻고는 베들레헴으로 보냅니다. 그러면서 그 아이를 찾게 되면 자기에게 연락하라고, 자기도 가서 그에게 경배하겠다고 합니다. 그러나 헤롯이 한 말은 진심이 아님을 너무나 잘 압니다.

박사들이 베들레헴을 향해 갈 때, 동방에서 보았던 그 별이 다시 나타나 그들을 인도해 갑니다. 박사들은 그 별을 보고 크게 기뻐합니다. 별이 머문 곳에 이르자 박사들은 그 집에 들어가 아기와 그 어머니 마리아가 함께 있는 것을 보고 엎드려 아기께 경배합니다. 그리고는 보배합을 열어 황금과 유향과 몰약을 예물로 드립니다. 이로써 목자들에 이어 두 번째로 아기 예수께 경배한 사람들이 되었습니다.

이제 박사들은 헤롯의 말대로 하면 예루살렘으로 다시 돌아가야 하지만, 꿈에 '헤롯에게로 돌아가지 말라'는 지시를 받고 다른 길로 고국으로 돌아갑니다.

이렇게 예수님이 탄생하실 때, 목자들과 동방박사들의 경배가 있었다는 것은, 분명 예수는 우리와 다른 분임을 여실히 잘 드러내 주고 있습니다.

예수는 자기가 하나님의 아들임을 알고 있었나?

그렇다면 궁금해지는 부분이 또 있습니다. 그것은 과연 예수가 자라면서 자기가 하나님의 아들임을 알았을까요? 아니면 단순히 인간으로서 요셉의 아들이자 목수의 아들로만 알고 있었을까요? 이 부분의 궁금증을 해소할 수 있는 내용이 누가복음 2장 41~51절에서 볼 수 있습니다.

유대인들은 해마다 유월절이 되면 예루살렘을 찾게 되는데, 예수가 열두 살 때 부모와 함께 절기를 지키려 예루살렘으로 올라갑니다. 절기를 마치고 다시 고향으로 돌아오는데 예수는 예루살렘에 그대로 머물고 있었고, 부모는 예수가 있는지도 없는지도 모른 채 떠납니다. 수많은 군중 속에 하룻길을 가다가 예수가 보이지 않자 수소문해 보지만 찾을 수가 없었습니다. 결국, 다시 예루살렘으로 돌아올 수밖에 없었고, 사흘 후에야 겨우 성전에서 만나게 됩니다. 그때까지 예수는 랍비들 틈에 앉아 토론을 벌이고 있었습니다. 그런데 어린 예수가 얼마나 말을 잘하는지, 듣는 자들이 그의 지혜와 대답에 감탄하고 있었습니다.

부모가 그 모습을 보고는 놀라워하면서 마리아가 말합니다. "애야, 왜 이렇게 우리를 애태우느냐? 네 아버지와 내가 너를 찾느라고 곳곳을 찾아 헤맸단다."(현대어성경)라고 하자 예수가 대답합니다. "왜 나를 찾으셨나이까? 내가 내 아버지 집에 있어야 될 줄을 알지 못하셨나이까?"라고 합니다. 이 말을 들어보면 분명 예수는 어리지만, 자신이 하나님의 아들임을 알고 있었다는 것을 알 수 있습니다. 그런 후 예수는 다시 나사렛으로 돌아가 부모와 가족들과 함께 지냅니다.

공생애를 시작하는 예수님

그러다가 예수가 서른 살이 되던 해, 드디어 정든 집과 가족과 고향을 등지고 집을 나섭니다. 아마 아버지 요셉이 죽은 후가 아닌가 생각됩니다. 그것은 이제 더 이상 요셉의 아들이 아닌, 사람의 아들이 아닌, 목수의 아들이 아닌, 나사렛 사람이 아닌, 하나님의 아들로서, 메시아로서, 구원자로서 사역을 시작하기 위해서였습니다.

예수님이 하나님의 아들로 살았던 시기를 '공생애'라고 합니다. 예수님의 공생애는 삼 년에 불과합니다. 그러니까 사람의 아들로 살았던 삼십 년에 비해, 하나님의 아들로 살았던 삼 년은 너무 짧은 시간으로 느껴집니다. 하지만 예수님은 삼 년 동안 얼마나 많은 사역을 하셨는지 모릅니다. 예수님이 공생애 동안 하셨던 일들은 사복음서에 다 기록되어 있습니다. 아니 그것이 전부가 아닙니다. 사도 요한은 이렇게 말합니다.

요한복음 20:30 '예수께서 제자들 앞에서 이 책에 기록되지 아니한 다른 표적도 많이 행하셨으나'

요한복음 21:25 '예수께서 행하신 일이 이 외에도 많으니 만일 낱낱이 기록된다면 이 세상이라도 이 기록된 책을 두기에 부족할 줄 아노라.'

그러니까 예수님이 행한 일들은 어마어마하다는 이야기입니다. 그것을 일일이 다 기록할 수가 없었다는 것입니다. 예수님은 그런 분이셨습니다. 예수가 우리처럼 그냥 보통 사람이었다면 어떻게 이런 일들이 가능했겠습니까? 예수님은 분명 하나님의 아들이시기에 가능한 일이었습니다.

특별히 그 많은 일 중에 예수님의 사역을 세 가지로 요약한다면, '가르치시며' '전파하시며' '고치시는' 사역이라 할 수 있습니다.

> 마태복음 4:23 '예수께서 온 갈릴리에 두루 다니사 그들의 회당에서 가르치시며 천국 복음을 전파하시며 백성 중의 모든 병과 모든 약한 것을 고치시니'

> 마태복음 9:35 '예수께서 모든 도시와 마을에 두루 다니사 그들의 회당에서 가르치시며 천국 복음을 전파하시며 모든 병과 모든 약한 것을 고치시니라'

여기에서 보듯이, 예수님의 초기 사역은 주로 '갈릴리' 지역에서 이루어졌습니다. 시간이 갈수록 이스라엘 전역뿐만 아니라 서쪽으로는 두로와 시돈까지, 북쪽으로는 가이사랴 빌립보, 동쪽으로는 요단 동쪽 지방까지 두루 다니시면서 하신 일은 가르치고, 전파하고, 고치시는 사역이 똑같음을 보게 됩니다.

그렇다면 이 세 가지 사역은 무엇을 의미할까요? 즉 예수님은 이 사역을 통해 무엇을 보여주고 있을까요? 그것은 바로 자신이 하나님의 아들이자 메시야임을 입증해 주는 사역이라 할 수 있습니다. 그리고 비록 이 세 가지 사역뿐만 아니라 사람으로서는 할 수 없는 수많은 기사와 표적들을 행하셨는데, 그 결과 제자들뿐만 아니라 많은 사람들이 예수가 하나님의 아들이자 메시야임을 믿기 시작했습니다.

마태복음 14:33 '배에 있는 사람들이 예수께 절하며 이르되 진실로 하나님의 아들이로소이다 하더라'

마태복음16:16 '주는 그리스도시요 살아 계신 하나님의 아들이시니이다'

요한복음 11:27 '주는 그리스도시요 세상에 오시는 하나님의 아들이신 줄 내가 믿나이다'

요한복음 1:49 '나다나엘이 대답하되 랍비여 당신은 하나님의 아들이시요 당신은 이스라엘의 임금이로소이다'

그뿐만 아니라 하나님도 예수님이 하나님의 아들임을 증거해 주십니다.

마태복음 3:17(막1:11, 눅3:22) '하늘로부터 소리가 있어 말씀하시되 이는 내 사랑하는 아들이요 내 기뻐하는 자라 하시니라'

마태복음17:5(막9:7) '홀연히 빛난 구름이 그들을 덮으며 구름 속에서 소리가 나서 이르시되 이는 내 사랑하는 아들이요 내 기뻐하는 자니 너희는 그의 말을 들으라 하시는지라'

심지어 귀신들도 예수님이 하나님의 아들임을 고백합니다.

누가복음 4:41 '귀신들이 나가며 소리 질러 이르되 당신은 하나님의 아들이니이다 예수께서 꾸짖으사 그들이 말함을 허락하지 아니하시니 이는 자기를 그리스도인 줄 앎이러라'

누가복음 8:28(마8:29, 막5:7) '예수를 보고 부르짖으며 그 앞에 엎드려 큰 소리로 불러 이르되 지극히 높으신 하나님의 아들 예수여 당신이 나와 무슨 상관이 있나이까 당신께 구하노니 나를 괴롭게 하지 마옵소서'

예수의 죽음과 부활

이렇게 예수가 하나님의 아들이자 메시아임이 증명이 되고 있음에도 불구하고, 그 당시 대제사장들을 비롯한 종교지도자들은 예수님을 결코 그렇게 인정하지 않았습니다. 당시 사람들은 예수를 선지자로 알았지만(마21:11), 이들은 예수를 선지자로도 인정하지 않았습니다.

이들은 예수와 그의 제자들을 자신들의 기득권에 도전하는 불순한 세력으로 보았고, 예수를 안식일을 범하는 범법자로, 하나님을 모독하는 신성모독자로 몰아 부치면서 죽이려고 했습니다. 즉 그들의 혈안은 오직 예수를 어떻게 하면 죽이느냐에 있었습니다.

마태복음 12:14 '바리새인들이 나가서 어떻게 하여 예수를 죽일까 의논하거늘'(막3:6)

마태복음 20:3-4 '그 때에 대제사장들과 백성의 장로들이 가야바라 하는 대제사장의 관정에 모여 예수를 흉계로 잡아 죽이려고 의논하되' (마27:1, 막14:1,55, 눅19:47, 22:2, 요5:18, 11:53 참고)

그런데 그들은 예수를 죽이지 못합니다. 그들의 종교법으로 하면 얼마든지 안식일을 범한 죄로, 신성 모독죄로 돌로 쳐 죽일 수 있었지만 그들은 직접 손을 대지 않았습니다. 그것은 백성들이 두려웠기 때문입니다. 백성들은 예수를 하나님의 아들로, 메시아로, 선지자로 믿었기 때문입니다. 그래서 자신들이 직접 돌로 쳐 죽인다면 뒤에 발생할 문제가 두려웠기 때문입니다.

그러던 차에 제자 중 하나인 가룟 유다가 예수를 배반하여 팔게 되고, 대제사장들은 체포된 예수를 빌라도 총독에게 넘김으로 유대종교법으로가 아닌 '유대인의 왕'이라는 정치범으로 몰아 로마법에 따라 재판을 받게 함으로, 결국은 예수를 십자가에 못 박아 죽이는 우를 범하고 맙니다.

따라서 예수님의 죽음도 우리의 죽음과 다릅니다. 우리는 언제, 어디서, 어떻게 죽을지 아무도 모릅니다. 사형일이 정해진 사형수나, 말기 암 환자 같은 경우에는 자신이 언제 죽을지 짐작은 할 수 있을 것입니다. 그렇다고 사형일이 정해진 사형수에게 "당신은 00년 0월 0일 0시에 사형이야!"라고 미리 말해 주지는 않을 것입니다. 말기 암 환자도 의사가 환자에게 직접 말하기보다는 가족이나 보호자에게 "한 6개월 또는 한 3개월 정도 남았네요"라고 말해 줄 수는 있을 것입니다. 우리는 우리의 죽음에 대해서 아무도 모릅니다. 그러나 예수님은 자신의 죽음과 부활에 대해 너무나 잘 알고 있었습니다. 언제, 어디서, 어떻게 죽는다는 사실을 너무나 잘 알고 있었고, 자신이 죽은 다음 며칠 만에 부활할 것임도 너무나 잘 알고 있었습니다.

> 마태복음16:21 '이때로부터 예수 그리스도께서 자기가 예루살렘에 올라가 장로들과 대제사장들과 서기관들에게 많은 고난을 받고 죽임을 당하고 제삼일에 살아나야 할 것을 제자들에게 비로소 나타내시니'

> 마태복음17:22-23 '갈릴리에 모일 때에 예수께서 제자들에게 이르시되 인자가 장차 사람들의 손에 넘겨져 죽임을 당하고 제삼일에 살아나리라 하시니 제자들이 근심하더라'

> 마태복음20:18-19 '보라 우리가 예루살렘으로 올라가노니 인자가 대제사장들과 서기관들에게 넘겨지매 그들이 죽이기로 결의하고 이방인들에게 넘겨주어 그를 조롱하며 채찍질하며 십자가에 못 박게 할

것이나 제삼일에 살아나리라'

이렇게 예수님은 자신의 죽음과 부활에 대해 미리 제자들에게 세 차례에 걸쳐 말씀하셨고, 구체적인 내용까지 다 알고 계셨음을 보게 됩니다. 죽는 날은 유대인의 최대 명절인 '유월절'이었으며, 죽는 장소는 '예루살렘'이었으며, 구체적인 내용은 '십자가에 못 박혀' 죽게 될 것이며, 중요한 것은 '제삼일에 살아난다'라는 것까지 다 아셨고, 다 말씀하셨다는 사실입니다.

그리고 예수님의 죽음이 우리의 죽음과 다른 점이 또 있습니다. 그것은 예수님이 죽을 때 일어난 자연현상입니다.

그렇다면 예수님이 죽을 때 도대체 무슨 일들이 일어났을까요?

첫째는, 온 땅에 어두움이 임했습니다.

마태복음27:45 '제육시로부터 온 땅에 어둠이 임하여 제구시까지 계속되더니'

예수님이 십자가에 못 박혀 달리신 시간은 오전 아홉시였습니다. 예수님이 숨진 시간은 오후 세 시였습니다. 그러니까 예수님이 십자가에 달려 있던 시간은 여섯 시간이었습니다. 그런데 예수님 숨지시기 세 시간 전인 정오부터 오후 세 시까지 온 땅에 어둠이 갑자기 임한 것입니다. 이 어둠은 구름이 햇빛을 가린 상태가 아닌, 그것도 한낮인데도 사람들의 두려움을 자아낼 정도로 밤 같은 어둠이었습니다.

둘째는, 성소의 휘장이 찢어졌습니다.

마태복음 27:50-51 '예수께서 다시 크게 소리 지르시고 영혼이 떠나시니라 이에 성소 휘장이 위로부터 아래까지 찢어져 둘이 되고…'

예수님이 운명하시던 바로 그 시간에, 예루살렘 성전의 성소 휘장이 찢어졌다는 사실입니다. '성소 휘장'은 성전 안에서 성소와 지성소 사이를 막고 있는 휘장을 말하는데, 이 휘장은 일 년 중 대제사장만이 속죄 제사를 드리는 대속죄일에 단 한 차례 열고 들어갈 수 있었습니다(출26:33). 그런데 이 휘장은 얼마나 크고, 두껍고, 무거운지 모릅니다. 사람이 칼이나 가위로 자른다고 해서 잘라지는 것도 아닙니다. 그런데 그 두꺼운 휘장이 찢어졌다는 것은, 그것도 위에서부터 아래로 찢어졌다는 것은 사람이 할 수 있는 일이 아니라 하나님이 하신 일인 것을 알 수 있습니다.

셋째는, 땅이 진동하고 무덤들이 열리며 자던 성도의 몸이 많이 일어났습니다.

마태복음 27:51-52 '땅이 진동하며 바위가 터지고 무덤들이 열리며 자던 성도의 몸이 많이 일어나되'

예수님이 운명하시던 그 시각에 갑자기 땅이 진동합니다. 지진이 일어난 것입니다. 바위가 터집니다. 심지어 무덤이 열리면서 자던 성도들이 일어납니다. 이런 놀라운 일들이 예수님이 죽을 때 일어났습니다. 누가 이렇게 하겠습니까? 이런 것을 볼 때 예수님은 보통 사람이 아님을 알 수 있습니다. 그분이 바로 그리스도요 하나님의 아들이었기 때문입니다. 그래서 이 모든 광경을 지켜보던 백부장이 이렇게 고백합니다.

마태복음 27:54 '백부장과 및 함께 예수를 지키던 자들이 지진과 그 일어난 일들을 보고 심히 두려워하여 이르되 이는 진실로 하나님의 아들이었도다 하더라'(막15:39)

그런데 예수님은 죽음으로 끝나지 않고 그가 생전에 말씀하신 대로 (마16:21, 17:23, 20:19) 죽은 후 삼일만에 부활하셨습니다. 부활하신 예수님은 사십일 동안 살아계시다가(행1:3) 승천하셨습니다(행1:9). 승천하신 예수님은 십일만에 오순절 날 성령으로 강림하심으로 다시 영으로 우리 가운데 오셨습니다(행2:1-4). 그리고 예수님은 마지막 날 구원의 주로서, 심판의 주로서, 재림의 주로서 다시 오실 것입니다.

짧은 설명이지만 이것이 '복음'입니다. 즉 '예수가 그리스도'라는 사실입니다. 여기서 '예수'는 우리와 똑같이 이름을 가진 사람인 '예수'를 말합니다. 태어난 곳이 있고 자란 곳이 있고 부모가 있고 형제가 있는, 그리고 고향 사람들과 이웃 사람들과 함께 살았던 나사렛 청년 '예수'를 말합니다.

그런데 그 '예수'가 알고 보니 '하나님의 아들'이요, '그리스도'요, '메시야'였다는 사실입니다.

믿지 못한 형제들

그럼에도 불구하고 이 사실을 누가 믿겠습니까? 그래서 제일 믿기 어려운 사람이 바로 그의 형제들일 것입니다. 한 집에서 한 가족으로 거의 삼십년 동안 함께 먹고 자고 살았던 형이자 오빠였던 예수가 어떻게 하나님의 아들이냐는 것입니다. 어떻게 형이 메시아란 말입니까? 도저히 이해하기 어려운 일임이 틀림없었을 것입니다. 더구나 아버지 요셉이 죽은 뒤에는 장남인 예수가 가장으로서 가정을 돌보며 목수의 일을 수행하여야 함에도, 집을 나가서는 전국을 돌아다니며 이상한 일들을 하고 다니는 것을 보면서 가족들은 예수가 미쳤다고까지 생각했던 것입니다.

> 마가복음 3:21 '예수의 친족들이 듣고 그를 붙들러 나오니 이는 그가 미쳤다 함일러라'

> 요한복음 7:5 '이는 그의 형제들까지도 예수를 믿지 아니함이더라'

저는 믿지 못하는 형제들을 보면서 이런 생각을 해 봅니다. 왜 아버지 요셉이 죽기 전에(예수가 공생애를 시작하기 전이겠지만) 아들들을 불러놓고 예수가 하나님의 아들 즉 메시아라는 사실을 이야기하지 않았을까? 라는 생각과 또 왜 마리아가 예수의 출생 비밀 즉 성육신의 비밀을 이야기하지 않았을까? 예수가 하나님의 아들이라는 사실을 알았다면 예수가 미쳤다고까지는 생각하지 않았을 것이며 예수를 하나님의 아들로 믿었을 것이 아닌가? 라는 생각입니다.

그런데 만약 요셉이나 마리아가 예수의 출생 비밀이라든지, 예수가 형제이기 이전에 하나님의 아들이라고 가족들에게 이야기했을 경우 과연 그들이 예수를 믿었을까? 라는 의문도 들기도 합니다.

믿지 못한 고향 사람들

그다음 예수가 하나님의 아들이라는 사실을 믿기 어려운 사람이 바로 고향 사람들입니다. 그들도 역시 삼십년 세월을 같은 동네에서 함께 보내면서 예수가 요셉과 마리아의 아들이자 목수의 아들임을 너무나 잘 알고 있었습니다. 그런데 어느 날 갑자기 예수가 하나님의 아들이라고 하니, 자기가 하늘에서 내려왔다고 하니 어떻게 믿겠습니까? 그래서 고향 사람들이 예수를 배척했던 것입니다.

> **마태복음 13:54-57** '고향으로 돌아가사 그들의 회당에서 가르치시니 그들이 듣고 놀라 이르되 이 사람의 이 지혜와 이런 능력이 어디서 났느냐 이는 그 목수의 아들이 아니냐. 그런즉 이 사람의 이 모든 것이 어디서 났느냐 하고 예수를 배척한지라'(막6:1-3)

요한복음 6:42 '이르되 이는 요셉의 아들 예수가 아니냐 그 부모를 우리가 아는데 자기가 지금 어찌하여 하늘에서 내려왔다 하느냐?'

그래서 예수님이 하신 말씀이 '선지자가 자기 고향과 자기 집 외에서는 존경을 받지 않음이 없느니라'라고 하신 것입니다(마13:57).

그러나 믿든 안 믿든 사실은 사실입니다. 예수가 하나님의 아들이라는 사실 말입니다.

이 사실을 증명하기 위해 복음서가 쓰였고. 사복음서의 전체 주제는 '예수, 그는 누구인가?'에 초점이 맞추어져 있습니다. 이 질문의 대답은 바로 '예수, 그는 하나님의 아들이었다' '예수, 그는 그리스도(메시야)였다'라는 것이 복음서가 제시하는 대답입니다. 즉 인간으로 사셨던 예수가, 실제로 하나님이 보내신 메시아요 그리스도라는 사실입니다. 우리도 이 사실을 믿어야 합니다.

예수를 믿는 형제들

처음에는 이 사실을 믿지 못했던 예수의 형제 야고보도 결국 이 사실을 믿게 됩니다. 어떻게요? 부활하신 예수님을 만남으로 믿게 됩니다.

고린도전서 15:7 '그 후에 야고보에게 보이셨으며…'

여기에 나오는 야고보는 사도 야고보가 아닌 예수의 친동생 야고보를 말합니다. 야고보는 형이 하나님의 아들임을 믿지 못했고 형이 미쳤다고 생각했을 것입니다. 그런데 부활하신 예수님이 동생인 야고보를 만납니다.

성경에는 없지만 제 생각으로는 예수님이 야고보를 만나 하신 말씀이, "야고보야, 너는 나를 육신의 형으로만 생각했지? 내가 하나님의 아들인 줄 몰랐지? 그래 난 원래 하나님의 아들이자 메시아야. 그래서 이렇게 죽었지만 살아났어. 난 너의 형이었던 예수야. 그런데 야고보야! 이제부터라도 내가 하나님의 아들임을 믿었으면 좋겠어. 그리고 너의 동생들도 다 나를 믿었으면 좋겠어."

이후 예수의 동생들은 다 예수를 믿었습니다. 예수의 동생 중에 '야고보'와 '유다'가 대표적인 사람입니다. 훗날 야고보는 예루살렘 교회의 중요한 지도자로 사역해 왔습니다. 나중에 사도 바울이 예루살렘을 방문했을 때 바로 이 야고보를 만나게 됩니다.

갈라디아서 1:19 '주의 형제 야고보 외에 다른 사도들을 보지 못하였노라.'

야고보는 후에 '야고보서'를 기록하였고, 유다는 '유다서'를 기록하였습니다. 야고보는 '주의 형제 야고보'로 나오지만, 유다는 '야고보의 형제'로 나옵니다.

유다서 1:1 '예수 그리스도의 종이요 야고보의 형제인 유다는...'

사실 이 빌레몬서를 쓴 바울도 처음에는 예수님을 믿지 못했지만, 다메섹 도상에서 부활하신 예수님을 만남으로(행9:1-9) 예수가 단순히 사람의 아들이 아닌 하나님의 아들임을 믿게 되었고, 이 사실을 증거하기 위해 전도 여행을 다니면서 수많은 사람에게 복음을 전했습니다. 이렇게 예수님의 죽음과 부활이 또 하나의 복음이 되어 수많은 사람을 믿게 하고 구원을 얻게 했습니다.

3. 메시아로서의 예수

예수가 과연 메시아인가?를 다른 차원에서 생각해 보고자 합니다. 지금까지 살펴본 대로 유대인들에게 있어서 메시아 대망은 그들의 소망이요 신앙이었습니다. 유대인은 물론 사마리아인이나 갈릴리 사람들도 메시아를 기다렸습니다. 그런데 누가 메시아인지를 어떻게 알 수 있을까요? 유대인들은 누가 메시아이든 메시아가 될 수 있는 조건 몇 가지를 가지고 있었습니다. 그 내용을 살펴보고자 합니다.

▍모세가 말한 '그 선지자'여야 합니다.

메시아가 될 수 있는 첫째 조건은, '모세와 같은 선지자'여야 합니다. 신명기 18장 15절 이하에 나오는 내용을 보면, 모세가 모압 광야에서 출애굽한 이스라엘 백성들에게 하나님의 말씀을 전하는 중에 이런 말을 합니다.

신명기 18:15 '네 하나님 여호와께서 너희 가운데 네 형제 중에서 너를 위하여 나와 같은 선지자 하나를 일으키시리니 너희는 그의 말을 들을지니라'

이 말은 모세가 40년 전 출애굽한 이스라엘 백성들이 시내 산에 있을 때 들었던 하나님의 말씀을 지금하고 있습니다. 40년전에 모세가 들었던 하나님의 말씀은 그다음 구절인 18절에 나옵니다.

신명기 18:18 '내가 그들의 형제 중에서 너와 같은 선지자 하나를 그들을 위하여 일으키고 내 말을 그 입에 두리니 내가 그에게 명령하는 것을 그가 무리에게 다 말하리라'

위에서 보듯이, 하나님은 모세에게 '너와 같은 선지자'라고 한 말을, 모세는 이스라엘 백성들에게 '나와 같은 선지자'로 적용해서 말합니다. 따라서 이스라엘 백성들은 모세가 말한 하나님이 일으키실 '그 선지자'를 메시아로 생각했고, 메시아가 오신다면 모세와 같은 선지자가 오리라고 기대했습니다. 그래서 유대인들이 처음에는 세례 요한을 보고 묻기를 "네가 그 선지자냐?"(요1:21)라고 물어본 것도, 세례 요한을 메시아로 착각했기 때문입니다. "네가 그 선지자냐?"라는 말은 모세가 예언한 '그 선지자냐?'라는 말입니다. 그러나 세례 요한은 "나는 아니라"

라고 대답했습니다.

 그렇다면 '모세와 같은 선지자'는 어떤 사람일까요? 예수는 과연 모세가 말한 '그 선지자'일까요? 여기에 대한 해답을 마태복음에서 적용해 보면, 예수가 모세가 말한 '그 선지자'임을 증명하고 있습니다. 즉 예수를 '새 모세'로 증거하고 있습니다.

 첫째는, 모세가 미디안 광야에서 하나님의 부르심을 받고 애굽으로 들어가 이스라엘 백성들을 광야로 인도해 내었듯이, 새 모세인 예수님도 헤롯의 칼날을 피해 애굽에 들어갔다가 나오셨습니다(마2:13-23).

 둘째는, 모세가 시내산에서 십계명을 비롯한 언약을 받았던 것처럼, 새 모세인 예수님도 산에서 팔복을 비롯한 산상수훈을 새 언약으로 주셨습니다(마5-7장).

 셋째는, 모세가 애굽에서 열 가지 재앙을 내리므로 이스라엘 백성들을 구원해 내셨듯이, 새 모세인 예수님도 열 가지 기적 행함으로 많은 사람들을 구원하셨습니다(마8-9장).

 넷째는, 예수님이 변화산에서 베드로와 야고보와 요한이 보는 앞에서 영광스러운 모습으로 변형되는 사건이 있었는데(마17:1-8), 그때 모세와 엘리야가 나타났을 뿐만 아니라 빛난 구름 속에서 들려온 소리가 있었는데 "이는 내 사랑하는 아들이요 내 기뻐하는 자니 너희는 그의 말을 들으라" 하셨는데, 바로 하나님이 예수님을 사랑하는 아들임을, 기뻐하는 아들임을 증거하신 말씀입니다. 그 가운데 '너희는 그의 말을 들으라'는 말이, 바로 신명기 18장15절의 말씀, 즉 '너희는 그의 말을 들을지니라'라는 말과 같음을 보게 됩니다. 이는 예수가 모세가 예언했던 바로 '그 선지자'임을 단적으로 증명하고 있습니다.

그러기에 예수님은 모세가 말한 바로 '그 선지자'이며, 모세보다 더 큰 선지자임이 틀림없습니다.

참고로 요한복음 1장 43-45절에 보면, 예수님을 만난 빌립이 나다나엘을 찾아가서 하는 말이, "모세가 율법에 기록하였고 여러 선지자가 기록한 그이를 우리가 만났으니 요셉의 아들 나사렛 예수니라"라고 전도합니다. 빌립이 말한 '모세가 율법에 기록한... 그 이'가 바로 신명기 18장 15절에서 말한 '나와 같은 선지자'를 말하는데, '그 이' 즉 '그 선지자'가 바로 '예수'라고 말한 것입니다. 이것을 보면 빌립은 예수가 메시아임을 알고 있었다는 증거입니다.

예수님도 모세가 자신에 대하여 기록하였다고 증언하고 있습니다.

> **요한복음 5:46-47** '모세를 믿었더라면 또 나를 믿었으리니 이는 그가 내게 대하여 기록하였음이라 그러나 그의 글도 믿지 아니하거든 어찌 내 말을 믿겠느냐 하시니라'

여기서 '그가 내게 대하여 기록하였다'라는 말과 '그의 글'이 의미하는 바가 신명기 18장 15절 말씀이기도 합니다. 나중에 예수님이 부활 승천 이후에 오순절 성령강림 이후, 베드로의 설교 속에서도 예수는 모세가 말한 '그 선지자'임을 증거하고 있고, 스데반 역시도 설교 가운데 그 내용이 포함되어 있습니다.

> 사도행전 3:22 '모세가 말하되 주 하나님이 너희를 위하여 너희 형제 가운데서 나 같은 선지자 하나를 세울 것이니 너희가 무엇이든지 그의 모든 말을 들을 것이라'

> 사도행전 7:37 '이스라엘 자손에 대하여 하나님이 너희 형제 가운데서 나와 같은 선지자를 세우리라 하던 자가 곧 이 모세라'

▌다윗의 자손이어야 합니다.

두 번째 조건은, 누가 메시아이든 그는 반드시 '다윗의 자손'이어야 합니다.

이런 자격은 유대인이면 누구나 다 알고 있었습니다. 메시아가 다윗의 자손이어야 한다는 근거는 사무엘하 7장에 나오는 소위 '다윗의 언약'(삼하7:4~17) 때문입니다.

그 가운데 "여호와가 또 네게 이르노니 여호와가 너를 위하여 집을 짓고 네 수한이 차서 네 조상들과 함께 누울 때에 내가 네 몸에서 날 네 씨를 네 뒤에 세워 그의 나라를 견고하게 하리라 그는 내 이름을 위하여 집을 건축할 것이요 나는 그의 나라 왕위를 영원히 견고하게 하리라 나는 그에게 아버지가 되고 그는 내게 아들이 되리니…"(삼하 7:11하–14상) 라는 말씀이 다윗의 언약의 핵심입니다.

여기서 '네 몸에서 날 네 씨' '그의 나라' '그의 나라 왕위' '아버지…

아들'이라는 표현들이 앞으로 오실 메시아를 의미한다고 믿었던 것입니다. 물론 이 말씀에서 '그는 내 이름을 위하여 집을 건축할 것'이라는 말씀이, 일차적으로는 성전을 건축한 다윗의 아들 솔로몬을 가리키는 말이기도 하지만, 이차적인 의미로 오실 메시아가 하나님의 나라(집)를 세울 것이라는 의미로도 해석할 수 있습니다.

이런 의미에서 이사야 선지자는 '이새의 줄기에서 한 싹이 나며'(사11:1), '그날에 이새의 뿌리에서 한 싹이 나서 만민의 기치로 설 것이요'(사11:10)라고 예언하고 있습니다. 즉 오실 메시아는 다윗의 아버지인 이새의 가문을 통해 오신다는 말입니다.

예레미야 선지자도 여호와의 말씀을 전하면서 '보라 때가 이르리니 내가 다윗에게 한 의로운 가지를 일으킬 것이라 그가 왕이 되어 지혜롭게 다스리며 세상에서 정의와 공의를 행할 것'(렘23:5)이라고 예언하고 있습니다. 또 예레미야는 '그날 그때에 내가 다윗에게서 한 공의로운 가지가 나게 하리니 그가 이 땅에 정의와 공의를 실행할 것이라'라고 예언하기도 했습니다.

에스겔 선지자도 여호와의 말씀을 전하면서 예언하기를 '내가 한 목자를 그들 위에 세워 먹이게 하리니 그는 내 종 다윗이라 그가 그들을 먹이고 그들의 목자가 될지라'(겔34:23) 합니다. 그러니까 이미 다윗이 죽고 없는 먼 훗날에 활동했던 이사야, 예레미야, 에스겔 등 선지자들의 예언이, 하나님이 이새를 통해, 다윗을 통해 왕이 올 것을, 목자가 올 것을 말씀하셨는데, 후대 이스라엘 사람들은 이 예언의 말씀들을 그대로 믿었고, 그래서 오실 메시아는 다윗의 후손일 것이라고 믿었습니다. 그러니까 오실 메시아는 1) '모세와 같은 선지자'일 것이며, 2) '다윗과 같은 왕'일 것이라는 것이 이스라엘 백성들이 가졌던 메시아사상이었습니다. 그래서 복음서가 시작되는 마태복음에서 마태는 이를 증명해 주고 있습니다.

마태복음 1:1 '아브라함과 다윗의 자손 예수 그리스도의 계보라'

즉 예수 그리스도는 '다윗의 자손'이라는 것입니다. 여기서 '다윗의 자손'이란 의미는 앞에서 살펴본 대로 '메시아'를 의미합니다. 물론 혈통적으로 예수는 아브라함의 후손이요 이삭의 후손이요 야곱의 후손이며, 야곱의 열두 아들 중 유다의 후손임이 틀림없습니다. 다윗 역시도 유다의 후손입니다. 예수의 아버지 요셉도 다윗의 후손입니다(눅 1:27, 2:4,11). 이렇게 예수님은 다윗의 자손인 메시아로 오셨습니다. 그래서 성경에 보면 많은 사람이 예수님을 '다윗의 자손'으로 부르는 이유가 바로 예수가 '메시아'라고 믿었기 때문입니다(마9:27, 12:23, 15:22, 20:30, 31, 21:9) 사도 바울도 '그의 아들에 관하여 말하면 육신으로는 다윗의 혈통에서 나셨다'라고(롬1:3) 증언하고 있습니다.

메시아적 표적이 있어야 합니다.

세 번째 조건은, 누가 메시아이든 그 사람에게서 '메시아적 표적'이 나타나야 합니다.

예수님이 공생애 동안 어쩌면 가장 많이 받은 시험이 바로 '네가 하나님의 아들이거든' 또는 '네가 메시아이거든' 표적을 보여 달라는 시험이었습니다. 예수님이 공생애를 시작하시기 전에 광야에서 마귀에게 시험을 받으실 때도(마4:3,6), 예수님이 마지막 십자가에 달리실 때도(마 27:40) 그런 시험을 받으셨습니다.

여기서 말하는 '메시아적 표적'은 다른 의미입니다. 사람들의 요구에 따라 그때그때 보여주는 기적 행함이 아니라 성경이 말하는 표적을 말합니다. 이 말은, 앞으로 메시아가 오시면 어떤 일을 할 것인지, 어떤 표적들이 나타날 것인지에 대해 이미 선지자를 통해 말씀하고 있습니다. 그렇다면 성경이 말하는 메시아적 표적이 무엇입니까?

> **이사야 35:5-6** '그때에 맹인의 눈이 밝을 것이며 못 듣는 사람의 귀가 열릴 것이며 그때 저는 자는 사슴 같이 뛸 것이며 말 못 하는 자의 혀는 노래하리니…'

> **이사야 42:6-7** '나 여호와가 의로 너를 불렀은즉 내가 네 손을 잡아 너를 보호하며 너를 세워 백성의 언약과 이방의 빛이 되게 하리니 네가 눈먼 자들의 눈을 밝히며 갇힌 자를 감옥에서 이끌어내며 흑암에 앉은 자를 감방에서 나오게 하리라'

이사야 61:1-3 '주 여호와의 영이 내게 내리셨으니 이는 여호와께서 내게 기름을 부으사 가난한 자에게 아름다운 소식을 전하게 하려 하심이라 나를 보내사 마음이 상한 자를 고치며 포로된 자에게 자유를,

간힌 자에게 놓임을 선포하며 여호와 은혜의 해와 우리 하나님의 보복
날을 선포하여 모든 슬픈 자를 위로하되 무릇 시온에서 슬퍼하는 자
에게 화관을 주어 그 재를 대신하며 기쁨의 기름으로 그 슬픔을 대신
하며 찬송의 옷으로 그 근심을 대신하시고 그들이 의의 나무 곧 여호
와께서 심으신 그 영광을 나타낼 자라 일컬음을 받게 하려 하심이라'

이상의 말씀들이 앞으로 오실 메시아가 하실 일에 대한 예언의 말씀입니다. 즉 메시아가 오시면 이런 표적들이 나타날 것이라는 말씀입니다. 그런데 이러한 표적들이 주로 병든 자, 장애가 있는 자, 갇힌 자, 가난한 자들에게 주어지는 것처럼 보이기도 할 것입니다. 그러기에 건강한 사람들은 그래서 다른 표적을 요구했는지도 모릅니다.

예수님은 첫 사역을 갈릴리에서 시작하시면서 안식일에 회당에서 성경을 읽으시는데 이사야 61장을 찾아 읽으십니다(사61:1-3 참고). 그리고는 책을 덮으시고 이렇게 말씀합니다. "이 글이 오늘 너희 귀에 응하였느니라"(눅4:16-21).

이 말은, 즉 예수님이 굳이 이사야 선지자의 글을 찾아 읽으신 것은, '내가 기름 부음을 받은 메시아다. 이사야 선지자가 예언한 대로, 너희들이 방금 들은 대로, 내가 메시아로 이 땅에 오므로 그 예언이 성취되었다'라는 의도로 말씀하심으로써, 어떻게 보면 메시아 선포식을 가진 셈입니다. 그런 예수님이 메시아로서 성경에 기록된 대로 얼마나 많은 병든 사람들을 고치며, 장애가 있는 자들을 온전케 하며, 귀신을 쫓아내며, 죽은 자를 살리며, 마음이 상한 자들을 위로하며, 가난한

자들에게 복음을 전하며, 죄인들의 친구가 되며, 수많은 기적과 표적들을 행하심으로 자신이 메시아임을 증거하신 것입니다. 그런데도 많은 사람들이 그런 '목자적 메시아'보다는, 다윗과 같은 왕이 오셔서 이스라엘을 로마로부터 해방시킬 '정치적 메시아'를 기다렸던 것입니다. 그러니까 고난받고 죽는 메시아는 생각조차 하지 못했습니다.

사실 세례 요한도 처음에는 예수님을 하나님의 아들로, 메시아로 증언을 하였지만, 그가 헤롯 왕에 의해 감옥에 갇혀 있으면서 예수님이 하시는 사역을 볼 때 자신이 가졌던 생각과 다르자 자기 제자들을 보내어 "오실 그이가 당신입니까? 아니면 우리가 다른 이를 기다려야 합니까?"(마11:2-3)라고 질문을 한 것을 보게 됩니다. 즉 이 말은, '당신이 메시아가 맞습니까? 아니면 우리가 다른 메시아를 기다려야 합니까?'라는 물음입니다. 왜 세례 요한조차 예수님이 메시아라는 사실에 의문점을 가졌을까요? 그것은 성경에 근거한 메시아관이 아니라 일반 사람들이 가지고 있던 메시아관을 세례 요한도 가지고 있었기 때문입니다. 그때 예수님의 대답은, "내가 메시아다, 아니다"라고 직접 대답하는 대신, "너희가 가서 듣고 보는 것을 요한에게 알리되 맹인이 보며 못 걷는 사람이 걸으며 나병환자가 깨끗함을 받으며 못 듣는 자가 들으며 죽은 자가 살아나며 가난한 자에게 복음이 전파된다 하라"(마11:4-5절)고 합니다.

여기서 예수님이 말씀하신 '맹인을 보게 하고, 못 걷던 사람을 걷게 하고, 나병환자를 고쳐주며, 못 듣는 자를 듣게 하고, 죽은 자를 살리며, 가난한 자들에게 복음을 전하는 일'이 바로 성경이 말하는 메시아적 표적임을 말하고 있습니다. 따라서 예수님은 메시아로서 이 땅에 오셔서 성경이 기록하고 있는 대로 '이런 일을 하고 있다' '이것이 너희들이 지금 듣고 있고 보고 있는 일'이라고 말씀하신 것입니다.

예수님은 성경이 말하고 있는 사역들을 온전히 펼치신 분입니다. 메시아로서 사는 삶을 사신 분입니다. 메시아로서 성품과 능력을 충분히 발휘하신 분입니다.

엘리야가 먼저 와야 합니다.

마지막 조건으로, 누가 메시아이든 메시아가 오기 전에 반드시 엘리야가 먼저 와야 한다는 것입니다.

이 마지막 내용이 예수가 메시아임을 믿기가 어려웠던 부분이기도 합니다. 왜 메시아가 오기 전에 엘리야가 먼저 와야 한다고 생각했는가 하면 말라기 선지자의 예언 때문입니다. 말라기는 구약의 마지막 선지자입니다.

> 말라기 3:1 '만군의 여호와가 이르노라 보라 내가 내 사자를 보내리니 그가 내 앞에서 길을 준비할 것이요 또 너희가 구하는 바 주가 갑자기 그의 성전에 임하시리니 곧 너희가 사모하는바 언약의 사자가 임하실 것이라'

여기에서 보듯이 '내 사자를 보낸다' '그가 내 앞에서 길을 준비할 것이다'라고 했는데, 길을 준비할 '언약의 사자'가 누구냐 하면 바로 엘리야입니다.

말라기 4:5-6 '보라 여호와의 크고 두려운 날이 이르기 전에 내가 선지자 엘리야를 너희에게 보내리니 그가 아버지의 마음을 자녀에게로 돌이키게 하고 자녀들의 마음을 그들의 아버지에게로 돌이키게 하리라'

문제는 이 엘리야가 누구이냐는 것입니다. 예수님이 메시아라면 예수님이 오시기 전에 엘리야가 먼저 와야 하는데, 아무도 엘리야가 먼저 온 사실을 알지 못했습니다. 결론적으로 말하면 세례 요한이 엘리야인데 사람들은 세례 요한을 오실 엘리야로 생각하지 못했던 것입니다. 그러니까 예수님을 메시아로 생각하지 못했듯이, 세례 요한을 엘리야로 생각하지 못한 것은 동일한 원리라고 봅니다. 왜냐하면, 예수님이 아무리 성경에 기록된 대로 표적을 행했지만, 사람들은 오로지 정치적 메시아를 기대했던 것처럼, 세례 요한 역시도 성경에 기록된 대로 엘리야로 왔지만, 사람들은 구약의 엘리야 선지자처럼 기적을 행하는 사람으로 생각했기 때문입니다. 그런 까닭에 지금도 유대인들은 엘리야 선지자가 아직 오지 않았기 때문에 메시아도 아직 오지 않았다고 보는 것입니다.

그렇다면 세례 요한이 과연 말라기 선지자가 말한 엘리야가 맞는지 간단하게 살펴봅니다.

세례 요한의 탄생

첫째, 세례 요한은 주의 길을 준비하는 엘리야로 태어납니다.

예수님의 수태고지는 마태복음과 누가복음에 기록되어 있지만, 세례 요한의 수태고지는 유독 누가복음에서만 찾아볼 수 있습니다.

누가복음 1장 5절 이하의 말씀을 보면, 천사가 제사장 사가랴에게 나타나 하시는 말씀이, "사가랴여 무서워하지 말라. 너의 간구함이 들린지라. 네 아내 엘리사벳이 네게 아들을 낳아 주리니 그 이름을 요한이라 하라. 너도 기뻐하고 즐거워할 것이요 많은 사람도 그의 태어남을 기뻐하리니, 이는 그가 주 앞에 큰 자가 되며 포도주나 독한 술을 마시지 아니하며 모태로부터 성령의 충만함을 받아 이스라엘 자손을 주 곧 그들의 하나님께로 많이 돌아오게 하겠음이라. 그가 또 엘리야의 심령과 능력으로 주 앞에 먼저 와서 아버지의 마음을 자식에게, 거스르는 자를 의인의 슬기에 돌아오게 하고 주를 위하여 세운 백성을 준비하리라"(눅1:13-17)

이 말씀에서 보듯이, '그가 또 엘리야의 심령과 능력으로 주 앞에 먼저 와서…'라는 말씀이 바로 말라기 선지자가 예언한 내용과 일치함을 보게 됩니다. 즉 세례 요한은 엘리야의 심령과 능력으로 주 앞에서 먼저 온 사람임이 틀림없습니다.

세례 요한의 모습

둘째, 세례 요한의 모습은 구약 엘리야 선지자의 모습을 연상케 합니다.

세례 요한이 언제부터 활동했는지는 정확하게 알 수 없지만, 그가 사역할 때의 모습을 보면 '이 요한은 낙타털 옷을 입고 허리에 가죽 띠를 띠고 음식은 메뚜기와 석청이었더라'(마3:4)고 기록하고 있습니다. 이런 세례 요한의 모습은 구약시대 엘리야 선지자를 연상케 합니다.

> 열왕기하 1:7-8 '왕이 그들에게 이르되 올라와서 너희를 만나 이 말을 너희에게 한 그 사람은 어떤 사람이더냐 그들이 그에게 대답하되 그는 털이 많은 사람인데 허리에 가죽 띠를 띠었더이다 하니 왕이 이르되 그는 디셉 사람 엘리야로다'

'털이 많고 가죽 띠를 띠었다'는 모습만 이야기했는데도 그가 바로 '엘리야다'라고 한 것처럼, 세례 요한도 엘리야처럼 털이 없어서 낙타털 옷을 입었는지 알 수 없지만, 털옷을 입고 가죽 띠를 띠었다는 것은 엘리야의 모습을 그대로 재연하고 있음을 보게 됩니다. 즉 자신이 엘리야임을 상징적으로 보여 준 것입니다.

예수님의 증언

셋째, 예수님이 세례 요한이 바로 엘리야라고 증언하십니다.

마태복음 17장 9절 이하에 보면, 예수님과 세 제자가 변화산에서 내려오면서 주고받는 대화의 내용이 기록되어 있습니다. 먼저 예수님이 제자들에게 "인자가 죽은 자 가운데서 살아나기 전에는 본 것을 아무에게도 이르지 말라"고 하시자, 제자들이 예수님께 질문을 합니다. "그러면 어찌하여 서기관들이 엘리야가 먼저 와야 하리라고 하나이까?"라고 묻습니다. 이마 이 질문의 의도는, 변화산에서 제자들이 모세와 엘리야를 본 것 때문에 질문을 한 것 같습니다. 즉 제자들의 생각은 예수님이 메시아라면 서기관들이 말한 대로 엘리야가 먼저 와야 하는데, 자신들이 조금 전에 보았던 엘리야가 오지 않고 그대로 있다고 생각했기 때문입니다.

그때 예수님이 대답하시기를, "엘리야가 과연 먼저 와서 모든 일을 회복하리라"라고 하시면서 "내가 너희에게 말하노니 엘리야가 이미 왔으되 사람들이 알지 못하고 임의로 대우하였다"라고 말씀합니다. 그러자 제자들이 엘리야가 이미 왔다는 말에 '그제서야 제자들이 예수께서 말씀하신 것이 세례 요한인 줄을 깨달으니라'라고 기록하고 있습니다(참고 막9:9-13). 즉 예수님의 말씀대로 세례 요한이 바로 엘리야였는데 사람들이 알지 못했다는 것입니다. 엘리야로 오신 세례 요한을 사람들이 임의로 대우했던 것처럼, 메시아로 오신 예수님도 사람들이 임의로 대우할 것을 암시하는 말씀은 "인자도 이와 같이 그들에게 고난을 받으리라"고 했습니다.

결국, 세례 요한은 헤롯의 손에 순교했듯이, 예수님은 빌라도에 의해 사형 선고를 받고 십자가에 못 박혀 죽게 됩니다.

정리하자면, 이렇게 예수님은 사람이지만 분명 하나님의 아들이요 메시야 즉 그리스도임이 틀림없습니다. 복음서가 이를 증명해 주고 있고, 사도들이 이를 증명해 주고 있고, 사도 바울 역시도 이를 증명해 주고 있습니다. '예수는 그리스도'입니다. 사도 바울에게 있어서 예수는 '그리스도 예수'입니다. 우리는 이렇게 복음의 핵심이신 예수님을 믿어야 합니다. 그분을 나의 구주로 영접해야 합니다. 그러면 우리도 구원을 얻게 됩니다. 하나님의 자녀가 될 수 있습니다. 나아가 주님을 따르는 제자들이 되어야 하고, 주님을 증거하는 전도자가 되어야 합니다.

① '그리스도'라는 말의 의미는 '기름부음을 받은 자'라는 뜻이며, '예수'라는 말의 의미는 '구원할 자'라는 뜻입니다. 그렇다면 '그리스도 예수'를 믿는 우리는 성령으로 기름부음을 받아야 하며, 우리도 남을 구원하는 일에 힘써야 합니다.

② '복음'은 '예수 그리스도'에 대한 모든 것을 말합니다. 그분의 오심, 그분의 행하심, 그분의 죽으심, 그분의 부활하심, 그분의 승천하심, 그분의 다시 오심을 의미합니다. 그렇다면 우리는 복음에 대해 얼마나 알고 믿고 있습니까?

③ 나에게 있어서 '예수 그리스도'는 어떤 분으로 고백되고 있습니까?

제3장 바울은 누구인가?

빌레몬서를 열면 두 번째 만나는 사람이 사도 '바울'입니다. '바울'은 본 서신의 저자이자 실제로 등장하는 인물이기에 우리는 바울에 대해 좀 더 자세히 살펴볼 필요가 있습니다. 그러나 바울 역시 빌레몬서를 통해서는 자세히 알 수 없습니다. 예수님을 만나려면 복음서로 돌아가야 하듯, 우리가 바울을 만나려면 '사도행전'으로 돌아가야 합니다. '사도행전'은 사도들의 행적을 기록한 책입니다만 어쩌면 '바울행전'이라 해도 과언이 아닐 정도로 거의가(행9장-28장) 바울의 행적을 기록하고 있습니다. '사도행전'을 통해 그가 예수 믿기 전에 어떤 사람이었는지, 그리고 그가 어떻게 예수를 믿게 되었는지, 그리고 그가 예수 믿은 후에는 어떤 사람이 되었는지를 이 장에서 다루고자 합니다.

1. 청년 사울

'바울'(Paul, 파울로스, '작은 자')이 바울 되기 전 원래 이름은 '사울'(Saul)이었습니다(행9:11). (사울은 유대식 이름이며 바울은 로마식 이름입니다. 이름을 바꾸어 부른 것은 본격적인 이방 선교를 하면서부터였다고 봅니다. 참고, 행13:9,13)

그는 베냐민 지파의 유대인으로 길리기아 다소에서 태어났으며, 가말리엘 문하에서 조상들의 율법의 엄한 교육을 받았고, 모든 유대인들처럼 유대교에 열심이었고, 하나님께 대하여 열심을 가진 자였습니다(행22:3). 또한, 그는 난지 팔 일 만에 할례를 받았고, 이스라엘 족속이요 베냐민 지파요 히브리인 중의 히브리인이요, 율법으로는 흠이 없는 바리새인 중의 바리새인이었습니다(행23:6, 26:5, 빌3:5,6). 그런 사울은 일찍부터 로마 시민권까지 가지고 있었습니다(행22:26,28). 오늘날로 하면 사울은 한마디로 엘리트 중의 엘리트요, 유망주요, 촉망받는 젊은 청년이었습니다.

그런 그의 평탄했던 종교적 삶에 갑자기 예수가 등장합니다. 예수의 등장은 사울뿐만 아니라 그 당시 제사장들과 바리새인들을 비롯한 기득권을 행사해 온 종교지도자들에게 있어서 커다란 위협이자 도전이자 골칫거리였습니다. 온 이스라엘 사람들의 관심은 예수께 쏠려 있었고, 사람들은 그를 선지자 내지는 메시아로 따랐기 때문입니다. 심지어 예수가 성전 장사를 방해하고, 성전을 무너뜨릴 것으로 생각하고 오해한 나머지 신성 모독죄로 죽이고자 했던 것도 사실입니다. 결국, 이들의 음모대로 백성들까지 마음을 미혹해서 빌라도의 힘을 빌려 예수를 십자가에 못 박아 죽이는 데 성공합니다.

그들은 예수가 죽음으로 끝난 줄 알았는데, 이제 제자들까지 나서서 예수의 부활을 증거하고, 예수가 하나님의 아들이며 그리스도임을 증거하고 다니자, 이 일이 결국 사울을 분노하게 했던 것입니다. 사울은 처음부터 예수가 하나님의 아들임을 믿지 않았습니다. 예수를 만난 적도 없습니다. 그의 가르침을 들은 적도 없습니다. 다만 사울은 예수가 십자가에 달려 죽는 것을 보고 '저주를 받은 자'라고 생각했습니다. 왜냐하면, 신명기 21장 22~23절에 보면 '사람이 만일 죽을죄를 범하므로 네가 그를 죽여 나무 위에 달거든 그 시체를 나무 위에 밤새도록 두지 말고 그날에 장사하여 네 하나님 여호와께서 네게 기업으로 주시는 땅을 더럽히지 말라 나무에 달린 자는 하나님께 저주를 받았음이니라'

모세율법을 전공한 사울은 이 내용을 너무나 잘 알고 있었고, 그랬기에 예수가 십자가에 달려 죽은 것은 그가 범죄함으로 하나님께 저주를 받아 죽었다고 생각했던 것입니다. 이것이 그 당시 사울이 가졌던 신앙이요 사상이었습니다. 그러니 어떻게 예수를 하나님의 아들이자 메시아로 믿을 수 있었겠습니까? 어림없는 일이었습니다. 또 나무에 달려 죽은 저주받은 자가 어떻게 부활할 수 있다고 생각할 수 있었겠습니까? 이런 이유로 그는 예수의 부활도 믿지 않았습니다. 사울에게 있어서 예수의 부활 이야기는 터무니없는 거짓말에 불과했기 때문입니다. 그때부터 사울은 예수의 부활을 증거하고 다니는 제자들을 핍박하기 시작합니다. 결국, 예루살렘 교회의 일곱 집사 중의 한 사람이었던 스데반이 복음을 전하자, 그리고 예수의 죽음을 자신들의 잘못으로 돌리자, 이에 분노하여 스데반을 돌로 쳐 죽이는 일에 사울도 동조합니다.

사도행전 7:58 '성 밖으로 내치고 돌로 칠새 증인들이 옷을 벗어 사울이라 하는 청년의 발 앞에 두니라'

사도행전 8:1 '사울은 그가 죽임 당함을 마땅히 여기더라'

사울은 스데반의 죽음에 만족하지 않고 더욱 적극적인 자세로 주동자가 되어 교회와 제자들을 핍박하기 시작합니다.

사도행전 8:3 '사울이 교회를 잔멸할새 각 집에 들어가 남녀를 끌어다가 옥에 넘기니라'

'교회를 잔멸(뤼마이노마이)'했다는 말은 무자비하게, 갈기갈기 찢듯이 폭력을 행사하며 교회를 파멸했다는 말입니다. 얼마나 무서운 말입니까? 이런 사울의 모습은 사도행전 9장 1절에서 잘 보여 주고 있습니다.

사도행전 9:1 '사울이 주의 제자들에 대하여 여전히 위협과 살기가 등등하여'

즉 사울의 모습은 위협적이고 살기가 등등한 모습입니다. 닥치는 대로 잡아먹는 맹수와 같습니다. 얼마나 무서운 모습입니까? 그의 얼굴만 보아도 무서울 정도로 찬 바람이 쌩쌩 부는, 가까이 가기조차 두려운, 얼굴을 쳐다보기조차 무서운 사람으로 변한 것입니다. 원래 사울의 모습은 이런 모습이 아니었을 것입니다. 원래 사울의 모습은 누가 보아도 점잖고 지적이며 온화한 모습이었을 것입니다. 그런데 예수 때문에, 예수가 싫어서, 예수 믿는 사람들이 싫어서, 교회가 싫어서, 예수의 부활을 증거하고 다니는 제자들이 싫어서, 그들을 닥치는 대로 잡아내고야 말겠다는 잘못된 믿음과 열심 때문에 이렇게 위협적이고 살기가 등등한 사람이 되고 만 것입니다. 그는 그렇게 하는 것이 하나님을 위한 일이라고 생각했습니다.

여기까지가 청년 사울의 모습입니다. 사울이 예수를 만나기 전의 모습입니다.

그런데 그런 사울이 어떻게 예수님을 믿게 되었을까요? 어떻게 예수를 증거하는 사도가 되었을까요? 어떻게 교회를 잔멸하던 사울이 가는 곳마다 교회를 세우는 사람이 되었을까요? 참으로 아이러니한 일이 아닐 수 없습니다.

그 대답은 '하나님이 하신 일'이라고 말할 수밖에 없습니다.

2. 회심하는 사울

이런 사울이 이번에는 저 멀리 '다메섹'(Damascus, 예루살렘 동북쪽으로 약 200km 떨어진 곳에 위치한 수리아의 도시로서 당시 약 4만 명의 유대인들이 정착하고 있었으며, 예루살렘 교회에 대한 박해 때문에 많은 그리스도인들이 이곳으로 피신해 있었음)까지 원정을 갈 정도였습니다. 그런 사울의 얼굴에는 '위협과 살기가 등등'했다고 성경은 말하고 있습니다(행9:1). 얼마나 무서운 사람으로 변했는지. 그리고 그의 손에는 대제사장에게 받은 공문이 들려 있었습니다. 오늘날로 하면 체포영장과 같습니다. 자신이 하는 일이 합법적임을 뒷받침해 주니 얼마나 의기양양했겠습니까?

이런 사울의 계획을 다메섹에 있는 성도들은 알고 있었고, 그로 인해 얼마나 불안하며 초조해 했을까요?

> 사도행전9:13~14 '아나니아가 대답하되 이 사람에 대하여 내가 여러 사람에게 듣사온즉 그가 예루살렘에서 주의 성도에게 적지 않은 해를 끼쳤다 하더니 여기서도 주의 이름을 부르는 모든 사람을 결박할 권한을 대제사장들에게서 받았나이다'

> 사도행전9:21 '듣는 사람이 다 놀라 말하되 이 사람이 예루살렘에서 이 이름을 부르는 사람을 멸하려던 자가 아니냐 여기 온 것도 그들을 결박하여 대제사장들에게 끌어가고자 함이 아니냐'

그런데 다메섹에 채 도착하기 전에 놀라운 일이 사울에게 일어납니다. 바로 부활하신 주님을 만난 것입니다. 이 장면을 사도행전 9장 1~9절에서 자세히 기록하고 있습니다.

사울이 다메섹에 가까이 갔을 때 홀연히 하늘로부터 빛이 그를 둘러 비춥니다. 사울은 그 자리에서 쓰러지고 맙니다. 그때 소리가 들리기를

"사울아 사울아, 네가 어찌하여 나를 박해하느냐?"

사울이 놀라 묻습니다.

"주여, 누구시니이까?"

소리가 대답하기를

"나는 네가 박해하는 예수라"

'예수'라는 말에 '예? 예수라구요?'

사울은 깜짝 놀라 속으로 소리쳤을 것입니다. 그리고 속으로는 부인했을지도 모릅니다. '예수라니, 예수일 리가 없어, 예수는 죽었어.'

예수 믿는 자들을 결박하러 가던 사울이 도리어 자신이 예수의 강한 빛에 결박되고 말았고, 위협이 등등했던 그의 얼굴은 두려움으로 바뀌었고, 살기가 등등했던 그의 눈은 강한 빛으로 인해 앞을 보지 못한 채 쓰러지고 말았습니다. 결국, 사울은 '예수' 이름 앞에 무릎을 꿇고 말았습니다.

세상에! 어떻게 이런 일이 일어났을까요? 어떻게 이런 일이 일어날 줄은 사울은 꿈에도 생각하지 못했을 것입니다. 하지만 이 일은 현실이었습니다. 사울과 함께 갔던 사람들이 목격한 현실이었습니다. 사울은 이제 절대 예수를 부인할 수가 없었습니다. 부활하신 예수님을 만났기 때문입니다.

이 사건이 사울에게 있어서 얼마나 큰 충격이었을까요? 나사렛 예수가 하나님의 아들이자 메시아임을 처음부터 믿지도 않았을 뿐만 아니라, 예수가 십자가에 달려 죽는 것을 보고는, 신명기 21장 22~23절 말씀대로 '그럼 그렇지, 죽을죄를 범했기에 나무에 달렸지. 자기가 무슨 하나님의 아들이라고. 저주를 받은 자가 틀림없어'라고 생각했을 것입니다. 더구나 예수의 제자들이 예수의 부활을 증거 했지만, 그 증거조차 믿지 않았고 믿는 자들을 죽이고 핍박했던 사울이 실제로 부활의 주님을 만났으니 충격 중의 충격이었을 것입니다.

따라서 지금까지 일어난 모든 일이, 자기가 지금까지 듣고 생각했던 모든 일이 허무맹랑한 일이 아닌, 지어낸 말이 아닌, 거짓말이 아닌, 실제적인 사실로 받아들여야만 했습니다. 그리고 예수에 대해 생각을 다시 해야만 했습니다. 즉 그분은 죄인이 아니라, 저주받은 자가 아니라 하나님의 아들이었고 메시아였다는 사실을 다시 생각해야만 했습니다. 정말 사울로서는 많은 고민이 아닐 수 없었습니다. 그러나 어쩔 수가 없었습니다. 자신은 빛의 포로가 된 신세요, 자신이 그토록 미워했고 핍박했던 예수를 직접 만났기 때문입니다. 그분의 음성을 직접 들었기 때문입니다. 꿈을 꾼 것도 아닙니다. 무슨 환상을 본 것도 아닙니다. 지금 자기 눈앞에서 일어난 현실을 받아들여야만 했습니다. 부인할 수도, 거절할 수 없는 너무나 강력한 임재였기 때문입니다.

사울은 이 사건으로 하나님의 소명을 받게 됩니다.

사도행전 9:15 '가라 이 사람은 내 이름을 이방인과 임금들과 이스라엘 자손들에게 전하기 위하여 택한 나의 그릇이라'

아나니아는 주님의 지시를 받고 사울을 찾아갑니다. 그동안 사울은 주님을 만난 충격 때문에 사흘 동안 보지도 못하고 먹지도 마시지도 못하고 있었습니다(행9:9). 그런 그에게 아나니아가 안수함으로 사울은 성령으로 충만함을 받게 됩니다. 그 즉시 그의 눈에서 비늘 같은 것이 벗겨짐으로 다시 보게 되었고 일어나 세례를 받았습니다(행9:18). 어쨌든 이 사건은 사울의 생애에 있어서 큰 전환점이 되었습니다. 그의 생애에 큰 변화가 일어난 것입니다. 이 일로 사울은 더는 사울이 아닌 '바울'이 되었고, 핍박 자가 아닌 '전도자'로 변신을 합니다. 유대교만을 철저히 신봉했던 그가 이제는 자기가 그토록 미워했던 '그리스도인'이 된 것입니다.

바울은 이때의 사건을 이렇게 간증하고 있습니다.

고린도전서 15: 8 '맨 나중에 만삭되지 못하여 난 자 같은 내게도 보이셨느니라'

부활하신 예수님을 만났다는 것입니다. 아니, 부활하신 예수님이 자신을 찾아 왔다는 것입니다. 부활하신 예수님이 '처음에는 게바(베드로)에게 보이시고, 그 후에 열두 제자들에게, 그 후에 오백여 형제들에게, 그 후에 야고보(예수의 형제)에게 보이셨고, 맨 나중에 만삭되지 못하여 난 자 같은 내게도 보이셨다'(고전15:5-8절)라고 간증하고 있습니다.

그리고 바울은 이 사건을 두 차례나 간증한 바 있습니다(행22:1-21 체포된 직후 천부장과 유대인들 앞에서, 26:1-23 재판 과정에서 아그립바 왕 앞에서).

사울은 이렇게 변하여 새사람이 되었습니다. 그가 새사람이 된 것은 자의가 아닌 하나님의 주권적인 역사였습니다. 그의 간증을 들어봅니다.

>사도행전 22:4 '내가 이 도를 박해하여 사람을 죽이기까지 하고 남녀를 결박하여 옥에 넘겼노니'

>갈라디아서 1:13 '내가 이전에 유대교에 있을 때에 행한 일을 너희가 들었거니와 하나님의 교회를 심히 박해하여 멸하고'

>디모데전서 1:13 '내가 전에는 비방자요 박해자요 폭행자였으나, 내가 믿지 아니할 때에 알지 못하고 행하였음이라'

우리도 예수를 믿지 않았을 때, 알지도 못했을 때, 혈기왕성했던 젊었을 때, 행한 일들이 얼마나 하나님께 죄 된 모습이었나를 깨달아야 할 것입니다. 그러나 예수님을 믿는 자는 즉시 새사람이 될 수 있습니다.

>고린도후서 5:15 '그런즉 누구든지 그리스도 안에 있으면 새로운 피조물이라 이전 것은 지나갔으니 보라 새것이 되었도다'

3. 사도로서의 바울

유대교에서 기독교로 회심한 바울은, 바로 예수를 '하나님의 아들이자 그리스도'라고 증거하는 전도자로 나서게 됩니다(행9:19-22).

그 일은 바로 자신이 소명 받은 다메섹에서부터 시작합니다. 그런데 바울이 예수를 증거하는 전도자로 나서기까지 얼마나 많은 고민을 했을까요? 왜냐하면, 본인 자신이 교회와 예수 믿는 자들을 핍박했고 심지어 죽이기까지 했던 장본인이었기에, 자신도 예수 믿고 예수를 증거한다면 유대인들로부터 핍박은 물론이고 심지어 죽을 수도 있을 것이라는 생각을 왜 못했겠습니까? 이제는 입장이 바뀐 셈입니다. 그런데도 바울은 앞으로 일어날 일들에 대해 뻔히 알고 있으면서도 예수를 증거하는 일에 나서게 됩니다.

> 사도행전 9:19-20 '사울이 다메섹에 있는 제자들과 함께 며칠 있을새 즉시로 각 회당에서 예수가 하나님의 아들이심을 전파하니'

> 사도행전 9:22 '사울은 힘을 더 얻어 예수를 그리스도라 증언하여 다메섹에 사는 유대인들을 당혹하게 하니라'

> 사도행전 9:23 '여러 날이 지나매 유대인들이 사울 죽이기를 공모하더니'

이제부터 바울의 삶은 자신의 삶이 아니라 하나님께 붙잡힌 삶이요, 이제부터 걸어가야 할 길은 평탄한 길이 아니라 예수님처럼 십자가를 지고 가는 고난의 길이 될 것입니다.

이 모든 것을 다 각오하고 바울은 믿음의 길, 사명자의 길을 나선 것입니다. 그러다가 예루살렘을 방문하여 사도들을 만나게 되고(행9:26-

29), 후에 바나바와 함께 안디옥교회에서 1년간 가르치다가 성령의 부르심을 받아 선교사역에 나서게 됩니다(행13:1-3). 제1차(행13:4-14:28), 제2차(행15:36-18:22), 제3차(행18:23-21:14) 전도 여행을 하면서, 아시아는 물론이고 유럽까지 복음을 전했습니다.

이 과정에서 바울이 겪었던 고난은 이루 말할 수 없습니다.

고린도후서 11:23-27 '내가 수고를 넘치도록 하고 옥에 갇히기도 더 많이 하고 매도 수없이 맞고 여러 번 죽을 뻔하였으니 유대인들에게 사십에서 하나 감한 매를 다섯 번 맞았으며 세 번 태장으로 맞고 한 번 돌로 맞고 세 번 파선하여 일주야에 깊은 바다에서 지냈으며 여러 번 여행하면서 강의 위험과 강도의 위험과 동족의 위험과 이방인의 위험과 시내의 위험과 광야의 위험과 바다의 위험과 거짓 형제 중의 위험을 당하고 또 수고하며 애쓰고 여러 번 자지 못하고 주리며 목마르고 여러 번 굶고 춥고 헐벗었노라.'

바울의 선교비전은 로마는 물론이고, '서바나'(지금의 스페인)로 가는 것이 그의 목표였습니다(롬15:23). 그때는 그곳이 '땅 끝'이라고 생각했기 때문입니다. 서바나로 가기 위해서는 로마로 가야 하는데, 바울의 로마행은 유대인의 고소로 이루어졌습니다. 그 재판에서 바울이 가이사 황제에게 상소함으로 우여곡절 끝에 로마에 가게 되었고, 로마 감옥에서 2년간 머무는 동안 이 빌레몬서를 쓰고 있습니다. 바울이 가이사에게 상소한 것은 그가 로마 시민권을 가지고 있었기 때문입니다(행

22:25-29). 로마 감옥에서 잠시 풀려나기도 했지만, 또다시 로마 감옥에 갇히게 되고, 이때 디모데후서를 기록하게 됩니다. 그곳에서 결국 순교한 것으로 알려지고 있습니다.

4. 바울은 과연 사도인가?

무엇보다 바울은 자신을 '사도'라고 소개합니다(롬1:1, 고전1:1, 고후1:1, 갈1:1, 엡1:1, 골1:1, 딤전1:1, 딤후1:1, 딛1:1). 빌레몬서에는 이 말이 빠져 있습니다. 빌레몬서는 개인적인 서신이기에 바울이 자신을 꼭 사도라고 소개할 필요가 없지 않았나 생각됩니다.

'사도'(아포스톨로스)라는 말은 '보내심을 받은 자'라는 뜻입니다. 또한 '사절, 대사, 특사' 등의 의미로도 쓰이며, 해외나 원정대에 '파견된 자'를 말하기도 합니다. 원래 '사도'는 예수님의 열두 제자를 말합니다.

마태복음10:2 '열두 사도의 이름은 이러하니,'

누가복음6:13 '밝으매 그 제자들을 부르사 그 중에서 열둘을 택하여 사도라 칭하셨으니'

우리가 아는 대로 열두 사도는 베드로, 안드레, 야고보, 요한, 빌립, 바돌로매, 도마, 마태, 알패오의 아들 야고보, 다대오, 시몬, 가룟 유다입니다. 이 중에 가룟 유다는 예수를 배반한 제자로 오명을 남기고 결국 자살하여 죽고 맙니다(마27:3~5, 행1:17~19). 가룟 유다를 대신해서 열한 사도 외에 한 사람을 사도로 보선하는 내용이 사도행전 1장 15~26절에 나오는데, 사도가 될 수 있는 조건이 있습니다.

첫째, '항상 우리와 함께 다니던 사람'이어야 하고(행1:22)

둘째, '예수께서 부활하심을 증언할 사람'이어야 하고(행1:22)

셋째, '봉사와 및 사도의 직무를 대신할 자'(행1:25)이어야 했습니다.

이 조건에 맞는 두 사람 즉 '요셉'과 '맛디아'가 후보에 올랐는데, 기도하고 제비를 뽑은 결과 '맛디아'가 뽑혀 가룟 유다 대신 열두 사도의 수에 들어가게 됩니다(행1:26). 그런데 바울은 예수님의 열두 제자도 아니었고, 그렇다고 처음부터 예수님을 따라다닌 것도 아닙니다. 더구나 예수의 부활을 증거한 사람도 아니었습니다. 그런데 그가 어떻게 사도가 될 수 있었을까요?

그것은 앞에서 살펴본 대로, 예수님 생전에는 예수님을 믿지 못했지만, 그래서 제자로 살지 못했지만, 다메섹 도상에서 부활하신 예수님을 직접 만나고부터였습니다(행9:1-19).

그때 예수님은 아나니아를 통해 하신 말씀, '가라 이 사람은 내 이름을 이방인과 임금들과 이스라엘 자손들에게 전하기 위하여 택한 나의 그릇'이라고 했습니다(행9:15). 즉 바울은 특별히 하나님이 쓰시려고 부르신 '택한 그릇'이었습니다. 그때부터 바울은 주님의 사도로 나서게 된 것입니다. 그러기에 바울은 자신이 사도가 된 것을 이렇게 고백합니다.

로마서 1:1 '예수 그리스도의 종 바울은 사도로 부르심을 받아 하나님의 복음을 위하여 택정함을 입었으니'

고린도전서 1:1 '하나님의 뜻을 따라 그리스도 예수의 사도로 부르심을 받은 바울과'

갈라디아서 1:1 '사람들에게서 난 것도 아니요 사람으로 말미암은 것도 아니요 오직 예수 그리스도와 그를 죽은 자 가운데서 살리신 하나님 아버지로 말미암아 사도된 바울'

바울이 사도가 된 것은 한마디로 '하나님의 뜻'이었습니다(고전1:1, 고후1:1, 엡1:1, 골1:1, 딤후1:1). 그리고 바울은 자신이 '그리스도 예수의 명령을 따라 그리스도 예수의 사도'가 되었다고 고백합니다(딤전1:1). 물론 이런 바울의 사도직에 대해 여러 교회에서 의문과 불신도 있었지만, 하나님 관점에서 볼 때 바울은 분명 사도임이 틀림없습니다. 즉 사람들은 사도로 인정하지 않더라도 하나님은 분명 바울을 사도로 인정하신다는 사실입니다. 어쩌면 '너는 나의 택한 그릇이야'라는 말 속에 '너는 이제부터 나의 사도야'라는 의미가 포함되어 있는 줄로 믿습니다.

주님의 말씀이 어쩌면 '사도임명증'이 아닌가 생각됩니다.

1. 참된 신앙은 살아계신 하나님을 만남으로 시작됩니다. 핍박자 사울이 부활하신 예수님을 만남으로 사도 바울이 된 것을 보면서, 나도 예수님을 인격적으로 만난 회심의 사건이 있었는지요? 성령님을 경험한 적이 있었는지요?

2. 바울의 신앙은 율법적 신앙에서 복음적 신앙으로, 그리고 복음적 신앙에서 사도행전적 신앙까지 나아간 것을 보면서, 나의 신앙의 현주소는 어디에 있다고 생각하십니까?

3. 교회와 예수 믿는 자들을 핍박했던 사울이, 예수를 믿고 그리스도인이 되고 전도자가 된다는 것은, 자신이 유대인으로서 그리스도인에게 자행했던 일들을 앞으로 자신이 유대인들부터 받게 될 것이라는 사실을 알고도 전도에 뛰어든 것처럼, 우리도 그런 각오와 자세가 되어 있는지요?

빌레몬서 전문

1. 그리스도 예수를 위하여 갇힌 자 된 바울과 및 형제 디모데는 우리의 사랑을 받는 자요 동역자인 빌레몬과
2. 자매 압비아와 우리와 함께 병사된 아킵보와 네 집에 있는 교회에 편지하노니
3. 하나님 우리 아버지와 주 예수 그리스도로부터 은혜와 평강이 너희에게 있을지어다
4. 내가 항상 내 하나님께 감사하고 기도할 때에 너를 말함은
5. 주 예수와 및 모든 성도에 대한 네 사랑과 믿음이 있음을 들음이니
6. 이로써 네 믿음의 교제가 우리 가운데 있는 선을 알게 하고 그리스도께 이르도록 역사하느니라
7. 형제여 성도들의 마음이 너로 말미암아 평안함을 얻었으니 내가 너의 사랑으로 많은 기쁨과 위로를 받았노라.
8. 이러므로 내가 그리스도 안에서 아주 담대하게 네게 마땅한 일로 명할 수도 있으나
9. 도리어 사랑으로써 간구하노라 나이가 많은 나 바울은 지금 또 예수 그리스도를 위하여 갇힌 자 되어
10. 갇힌 중에서 낳은 아들 오네시모를 위하여 네게 간구하노라
11. 그가 전에는 네게 무익하였으나 이제는 나와 네게 유익하므로
12. 네게 그를 돌려보내노니 그는 내 심복이라
13. 그를 내게 머물러 있게 하여 내 복음을 위하여 갇힌 중에서 네 대신 나를 섬기게 하고자 하나
14. 다만 네 승낙이 없이는 내가 아무것도 하기를 원하지 아니하노니 이는 너의 선한 일이 억지같이 되지 아니하고 자의로 되게하려 함이라

15. 아마 그가 잠시 떠나게 된 것은 너로 하여금 그를 영원히 두게 함이리니
16. 이 후로는 종과 같이 대하지 아니하고 종 이상으로 곧 사랑 받는 형제로 둘 자라 내게 특별히 그러하거든 하물며 육신과 주 안에서 상관된 네게랴
17. 그러므로 네가 나를 동역자로 알진대 그를 영접하기를 내게 하듯 하고
18. 그가 만일 네게 불의를 하였거나 네게 빚진 것이 있으면 그것을 내 앞으로 계산하라
19. 나 바울이 친필로 쓰노니 내가 갚으려니와 네가 이 외에 네 자신이 내게 빚진 것은 내가 말하지 아니하노라
20. 오 형제여 나로 주 안에서 너로 말미암아 기쁨을 얻게 하고 내 마음이 그리스도 안에서 평안하게 하라
21. 나는 네가 순종할 것을 확신하므로 네게 썼노니 네가 내가 말한 것보다 더 행할 줄을 아노라
22. 오직 너는 나를 위하여 숙소를 마련하라 너희 기도로 내가 너희에게 나아갈 수 있기를 바라노라
23. 그리스도 예수 안에서 나와 함께 갇힌 자 에바브라와
24. 또한 나의 동역자 마가, 아리스다고, 데마, 누가가 문안하느니라
25. 우리 주 예수 그리스도의 은혜가 너희 심령과 함께 있을지어다

무익한 종에서 유익한 형제로

제2부

빌레몬서 강해와 묵상

- 인사말(1-3절)
- 빌레몬의 신앙(4-7절)
- 바울의 간구(8-10절)
- 오네시모의 변화(10-18절)
- 바울의 배려심(18-19절)
- 바울의 개인적인 부탁(20-22절)
- 바울의 동역자들(23-24절)
- 마지막 축원(25절)

제1장 **인사말**(1-3절)

'그리스도 예수를 위하여 갇힌 자 된 바울과 및 형제 디모데는 우리의 사랑을 받는 자요 동역자인 빌레몬과 자매 압비아와 우리와 함께 병사 된 아킵보와 네 집에 있는 교회에 편지하노니 하나님 우리 아버지와 주 예수 그리스도로부터 은혜와 평강이 너희에게 있을지어다'(1-3절)

노예 오네시모

1. 인사

 빌레몬서의 서두는 다른 바울서신에서 보듯이 인사말로 시작됩니다. 우리는 서두에서 이 서신의 발신자와 수신자를 알 수 있습니다. 이 편지를 보내는 사람은 '바울'이며 이 편지를 받는 주된 수신자는 '빌레몬'입니다. 그렇지만 동시에 '압비아'와 '아킵보' 그리고 '교회(골로새서)'도 수신자에 포함됨을 알 수 있습니다. 이것은 이들이(교회) 빌레몬과 어떤 연관이 있다는 것을 암시해 주는 대목이기도 합니다. 그리고 바울서신의 서두에서 빼놓을 수 없는 축복도 보게 됩니다.

2. '갇힌 자' 된 바울

 1절 '그리스도 예수를 위하여 갇힌 자 된 바울과 및 형제 디모데는 우리의 사랑을 받는 자요 동역자인 빌레몬과'
 1절에서 바울은 자신을 '그리스도 예수를 위하여 갇힌 자 된 바울'이라고 소개하고 있습니다. '갇힌 자(데스미오스)'란 말 그대로 '사슬에 매이거나 감옥에 갇힌 자 죄수'를 말합니다. 그런데 바울이 왜 감옥에 갇혀 있을까요? 그것은 바울이 죄를 범해서가 아니라 '그리스도 예수를 위하여 갇힌 자'가 되었다고 말하고 있습니다. 즉 복음을 전하다가 감옥에 갇힌 것입니다. 디모데후서 1장 8절에는 '주를 위하여 갇힌 자 된 나'라고 말하고 있고, 에베소서 4장 1절에는 '주 안에서 갇힌 내가'라고 말하고 있습니다. 그리고 바울은 빌레몬서를 통해 여러 차례 자신이 '갇힌 자'라는 사실을 거듭 언급하고 있습니다.

> 9절 '나 바울은 지금 또 예수 그리스도를 위하여 갇힌 자 되어'
> 10절 '갇힌 자 중에서 낳은 아들 오네시모'
> 13절 '내 복음을 위하여 갇힌 중에서 네 대신 나를'
> 23절 '그리스도 예수 안에서 나와 함께 갇힌 자 에바브라와'

어쩌면 이것이 바울이 지금 당하고 있는 현실입니다. 그렇다고 자신이 감옥에 갇혀 있다고 부끄러워하거나 후회하지는 않았습니다. 오히려 바울은 그리스도를 위해 갇힌 것을 자랑스럽게 여길 따름입니다.

> 에베소서 3:1 '이러므로 그리스도 예수의 일로 너희 이방인을 위하여 갇힌 자 된 나 바울이'

> 빌립보서 1:12-13 '형제들아 내가 당한 일이 도리어 복음 전파에 진전이 된 줄을 너희가 알기를 원하노라 이러므로 나의 매임이 그리스도 안에서 모든 시위대 안과 그 밖의 모든 사람에게 나타났으니'

바울은 자신이 갇힌 것이 도리어 복음 전파의 진전이 되었다고 고백하고 있습니다. 어쩌면 이것이 성도의 길이요, 십자가의 길이요, 사명자의 길일 것입니다.

의로운 '요셉'도 억울한 누명으로 투옥되었습니다(창 39:20). '삼손'도 잠시 인간의 정욕에 눈이 멀어 옥에 갇히기도 했습니다(삿 16:21,25). 참 선지자 '미가야'도 아합 왕의 미움을 받아 옥에 갇혀 고생의 떡과 고생의 물을 마시기도 했습니다(왕상 22:27, 대하 18:26). 선견자 '하나니'도 아사 왕의 분노로 옥에 갇히는 신세가 되었습니다(대하 16:10).

선지자 '예레미야'도 수차례 옥에 갇히기도 했습니다(렘 32:5, 37:15, 38:6, 39:15). '세례 요한'도 헤롯 왕의 미움으로 옥에 갇혀 결국 순교했습니다(마 14:3,10). '사도들'은 물론이고(행5:18), '베드로'마저 옥에 갇히기도 했습니다(행 12:4,5). '바울' 역시 마찬가지였습니다(행 16:24, 23:35, 고후 11:23, 엡 3:1, 빌 1:13). '바울'과 '실라'도 빌립보에서 귀신 들린 여종 하나를 고쳐주는 일로 투옥되었습니다(행 16:23). '사도 요한'은 밧모 섬에 수감되기도 했습니다(요계 1:9).

어디 이 들 뿐이겠습니까? 기독교 역사 2000년 동안 얼마나 많은 사람들이 신앙을 지키려다가, 복음을 전하다가, 사명을 수행하다가 고난을 받고 옥에 갇히고 순교를 당했는지 모릅니다. 그런 사람들의 수를 다 헤아릴 수 없습니다. 왜 이들이 그런 고난과 환난을 겪었을까요? 그것은 하나님을 위해서요, 그리스도를 위해서요, 진리와 복음을 위해서입니다. 자신의 신앙과 믿음과 사명을 지키기 위해서입니다.

바울도 자신이 말한 바와 같이 '그리스도의 남은 고난을 그의 몸 된 교회를 위하여 내 육체에 채우노라'(골1:24)라고 했듯이, 그는 주님의 남은 고난을 몸소 체험하고 있습니다. 그리고 바울이 디모데에게 '복음과 함께 고난을 받으라'(딤후1:8), '그리스도 예수의 좋은 병사로 나와 함께 고난을 받으라'(딤후2:3)라고 했듯이, 복음을 위해 그리스도의 좋은 병사로 고난의 본을 보여 주고 있고, 또 이 서신을 쓸 당시에도 디모데와 함께 감옥에서 고난을 받고 있습니다.

바울은 그런 디모데를 빌립보교회 성도들에게 이렇게 말하고 있습니다.

> 빌립보서 2:22 '디모데의 연단을 너희가 아나니 자식이 아버지에게 함 같이 나와 함께 복음을 위하여 수고하였느니라'

이제 우리가 알아야 할 것은, 빌립보서 1장 29절 말씀인 '그리스도 예수를 위하여 너희에게 은혜를 주신 것은 다만 그를 믿을 뿐 아니라 또한 그를 위하여 고난도 받게 하여 하심이라'라는 말씀입니다.

중요한 것은 바울이 로마 감옥에 갇혀 있는 중에 무슨 일이 있었느냐는 것입니다. 그것은 바로 '오네시모'를 만난 것입니다.

이 일이 빌레몬서의 배경이 될 줄이야 누가 알았겠습니까?

3. 디모데

빌레몬서를 열면 세 번째 만나는 사람이 '디모데'입니다.

디모데는 빌레몬서에서 사도 바울과 함께 등장하는 인물입니다. 우리가 디모데를 만나려면 바울처럼 역시 '사도행전'으로 돌아가야 합니다. 우리는 사도행전을 통해 디모데를 만날 수 있습니다. 그런데 '디모데' 하면 늘 사도 바울이 생각이 날 정도입니다. 이 말은 사도행전과 바울서신에 나오는 성경의 인물들이 대개가 사도 바울의 영향을 받은 사람들이지만, 그중에 디모데는 누구보다도 특별한 관계라는 사실입니다. 그래서 디모데는 사도행전뿐만 아니라 바울서신 곳곳에서 그의 이름을 찾아볼 수 있으며, 특별히 신약성경 가운데 사도 바울이 디모데에게 보낸 '디모데전서'와 '디모데후서'를 통해 그에 관한 정보도 얻을 수 있습니다.

▌디모데의 신앙 유산

'디모데'(Timothy, 티모데오스)는 '하나님을 공경하는 자'라는 이름의 뜻을 가진 자로서, 헬라인 아버지와 유대인 어머니 사이에서 태어납니다(행16:1,3). 디모데는 외조모 로이스와 어머니 유니게를 통해 믿음의 유산을 이어받으며 성장합니다. 어린 디모데는 특별히 어머니의 영향 아래 신앙의 가정에서 성장하면서 어릴 때부터 성경을 배웠습니다(딤후1:5, 3:15). 이런 디모데의 신앙은 '거짓 없는 믿음'의 소유자가 되어(딤후1:5) 제자로 활동하고 있었고, 많은 사람으로부터 칭찬을 받는 성실한 청년이었습니다.

▌바울을 만난 디모데

그러던 그가 루스드라에 살고 있을 때, 제1차 전도여행 중에 있었던 사도 바울을 만나게 됩니다.

사도행전 16:1-2 '바울이 더베와 루스드라에도 이르매 거기 디모데라 하는 제자가 있으니 그 어머니는 믿는 유대 여자요 아버지는 헬라인이라 디모데는 루스드라와 이고니온에 있는 형제들에게 칭찬받는 자니'

디모데는 사도 바울을 만남으로 그리스도 예수에 대한 복음을 다시 듣고 배우게 되었고, 바울은 그런 디모데를 자기 동역자로 삼아 전도사역에 동참시킵니다(행16:3). 마치 베드로와 안드레, 야고보와 요한이 예수님의 부르심을 받아 고기 잡던 어부에서 '사람 낚는 어부'가 되었듯이(마4:19), 디모데 역시도 사도 바울의 부름을 받아 세계 선교사역에 동역자로 뛰어들게 됩니다. 아마 디모데의 삶도 이때부터 바뀌게 되었다고 봅니다. 이제 디모데는 바울의 선교의 동역자가 되어 제2차 전도여행 때부터 줄곧 바울과 함께 해왔습니다. 또 고난을 함께 겪었습니다. 그리고 때로는 데살로니가(살전3:1,2,6), 마게도냐(행19:22), 고린도(고전4:17), 에베소에(딤전1:3) 파송을 받아 교회를 담임하는 목회 사역을 하기도 했습니다.

빌레몬서에서의 디모데는 바울이 로마 감옥에 갇혀 있을 당시 동역자로 함께 있었던 것으로 나옵니다. 그러기에 바울은 디모데와 함께 이 편지를 써 보낸다고 언급하고 있습니다. 이러한 표현은 빌레몬서뿐만 아니라 고린도후서(고후1:1), 빌립보서(빌1:1), 골로새서(골1:1), 데살로니가전서(살전1:1), 데살로니가후서(살후1:1)에서도 찾아볼 수 있습니다.

이것을 볼 때, 디모데는 사도 바울의 전도사역뿐만 아니라 서신 사역에도 얼마나 깊이 관여하고 있음을 알 수 있습니다. 어쩌면 디모데는 주로 대필자 역할을 했을 것입니다. 빌레몬서를 쓸 당시만 해도 다른 제자들도 바울과 함께 있었는데도 불구하고(23-24절), 디모데를 사도 바울과 함께 발신자로 언급하는 것은 이런 이유였을 것이며, 또 어쩌면 디모데는 빌레몬에게도 잘 알려진 인물이었을 것입니다.

▎형제 디모데

사도 바울은 디모데를 '형제'(아델포스)라고 부르고 있습니다.

우리가 아는 대로 바울은 디모데를 주로 '아들'로 부르고 있음을 잘 압니다. '믿음 안에서 참 아들 된 디모데에게'(딤전1:2), '아들 디모데야'(딤전1:18), '사랑하는 아들 디모데에게'(딤후1:2), '내 아들아'(딤후2:1)라고 부릅니다. 그렇다고 디모데는 진짜 바울이 낳은 육신적 아들은 아닙니다. 복음으로 낳은 영적 아들입니다.

그런데 여기서는 왜 '형제'라고 부를까요?

그것은 아마도 바울이 개인적으로 디모데를 대할 때는 믿음 안에서 '부자(父子)관계'로 친밀감을 나타내지만(디모데전·후서에서), 다른 사람에게 디모데를 소개할 때는 믿음 안에서의 '형제(兄弟)관계'로 대우하고 있다는 점이 바울에게 있어서의 배려가 아닌가 생각됩니다. 이러한 바울의 배려심은 빌레몬에게도 그대로 나타나고 있습니다. 바울은 빌레몬을 향해서도 '형제여'(7,20절)라고 부르고 있습니다. 물론 빌레몬도 바울의 제자임은 틀림없어 보이고, 또 바울은 빌레몬보다 훨씬 나이가 많은 것도 사실이지만(9절), 빌레몬을 '형제'라고 부르는 것은 바울의 겸손한 성품에서 나온 배려심일 것입니다.

디모데를 '형제 디모데'로 표현하고 있는 곳은 본문 외에도 고린도후서 1장 1절과 골로새서 1장 1절에 나오며, 데살로니가전서 3장 2절에는 '우리 형제 곧 그리스도의 복음을 전하는 하나님의 일꾼인 디모데'로 소개하고 있으며, 특별히 히브리서 13장 23절에 '우리 형제 디모데'로 나오는 것을 볼 때, 히브리서 역시 바울의 서신임을 짐작할 수 있습니다.

바울에게 있어서 디모데는,

1) 영적으로는 사랑하는 '아들'이요
2) 믿음 안에서는 한 '형제'요
3) 복음 사역을 위해서는 둘도 없는 '동역자'임을 보게 됩니다.

이 외에 로마서 16장 21절에는 디모데를 '나의 동역자'로 표현하고 있습니다.

4. 빌레몬

빌레몬서를 열면 네 번째 만나는 사람이 '빌레몬'입니다.

빌레몬은 본 서신을 받는 수신자이자 본 서신의 주인공입니다. 빌레몬은 유일하게 '빌레몬서'에서만 만날 수 있습니다.

그렇다면 빌레몬은 어떤 사람일까요?

사도 바울은 1절에서 '우리의 사랑을 받는 자요 동역자인 빌레몬'으로 소개하고 있습니다. '빌레몬'(Philemon, 필레몬)의 이름의 뜻은 '애정 있는 사람'을 의미하며, 빌레몬서 1장 1절에 한 번 나옵니다. 그렇다고 성경에 이름이 많이 나오면 유명한 사람이고, 이름이 한 번밖에 안 나오면 무명한 사람을 의미하지는 않습니다. '빌레몬'이라는 이름은 한 번 나오지만 사도 바울이 빌레몬에게 보낸 편지이기에 '너' '네' '형제' '너로' '네게' '네가'라는 표현이 총 25절 가운데 무려 27번이나 나옵니다. 다 빌레몬을 지칭하는 말입니다. 따라서 우리는 구절마다 그를 만날 수 있습니다.

'빌레몬'은 골로새인으로 매우 고매한 시민으로 종을 거느리고 있었던 부자였습니다. 즉 이 서신의 또 다른 주인공인 노예였던 '오네시모'의 소유주였습니다.

그런데 그가 어떻게 바울을 만났는지, 어떻게 바울과 잘 아는 사이가 되었는지에 대해서는 정확하게 알 수 없습니다. 그렇다고 바울이 골로새를 방문한 적이 없기 때문입니다. 골로새교회는 바울이 세운 교회는 아닙니다. 그러니 아마도 바울이 에베소에서 전도사역을 할 때 빌레몬이 소문을 듣고 와서 만났을 가능성이 있습니다. 아니면 골로새에 복음을 전한 '에바브라'를 통해(골1:7) 복음을 들었을 가능성도 생각해 볼 수 있습니다. 하지만 본 서신의 분위기로 볼 때 직접 서로 만났을 뿐만 아니라 믿음 안에서 교제를 나누었을 가능성이 짙게 나타나고 있습니다. 다시 말하면 서로 모르는 사이이거나 서로 서먹한 사이는 아니라는 사실입니다.

아마도 사도 바울은 빌레몬을 회심시켰을 것이고, 빌레몬은 바울의 제자였을 것입니다. 그리고 빌레몬은 바울의 사역을 도왔을 것입니다. 이제 그는 바울에게 있어서 '특별히 소중하고 가장 사랑받는 자'가 되었으며, 바울에게 있어서 없어서는 안 되는 '동역자'였다는 사실입니다.

사랑을 받는 자 빌레몬

바울은 빌레몬을 '우리의 사랑을 받는 자'로 소개하고 있습니다. '사랑을 받는'(아카페토스)다는 말은, '사랑하는' '친애하는' '좋아하는' 등의 의미의 형용사인데, 특별히 하나님과 그의 아들 예수님과의 관계에서 주로 사용된 말이기도 합니다.

마가복음1:11 '너는 내 사랑하는 아들이라 내가 너를 기뻐하노라'
(마3:17, 눅3:22)

마태복음17:5 '이는 내 사랑하는 아들이요 내 기뻐하는 자니'(막9:7)

그런가 하면 '아카페토스'는 '아델포스'(형제)와 함께 사용되기도 합니다.

에베소서 6:21 '...사랑을 받는 형제요 주 안에서 신실한 일꾼인 두기고가...'(골4:7,9)

베드로후서 3:15 '우리가 사랑하는 형제 바울도...'

그리고 '아카페토스'를 인사말로 사용되기도 합니다

요삼 1:2,5,11 '사랑하는 자여'

바울은 빌레몬을 '사랑을 받는 자'로 부르고 있는 것은, 이 세 가지 의미가 다 포함되어 있다고 봅니다. 즉 바울에게 있어서 사랑하는 아들 같은 사람이요. 주 안에서는 사랑하는 형제요, 그리고 인사치레 같지만 정말 사랑하는 사람이기에 그 마음을 담아 '사랑을 받는 자'로 부르고 있습니다. 그러니까 바울의 입장에서 보면 '사랑을 하는 자'이며, 빌레몬의 입장에서는 '사랑을 받는 자'입니다. 그런데 바울만 빌레몬을 사랑하는 것이 아니라 '우리의 사랑을 받는 자'라고 했으니, 디모데를 포함한 그를 아는 사람이라면 모두가 그를 사랑했다는 말입니다.

빌레몬은 이렇게 여러 사람들로부터 '사랑을 받는 자'였습니다. 제일 부러운 사람이 사랑을 받는 자가 아닐까요? 미움을 받는 것보다 사랑을 받는 것이 얼마나 복된 일입니까? 남편의 사랑을 받는 아내가 가장 행복할 것이며, 아내의 사랑의 받는 남편이 가장 행복할 것입니다. 내가 누군가를 사랑하는 일도 어렵지만, 내가 누구로부터 사랑 받는다는 것은 참으로 어려운 일입니다. 그런 면에서 빌레몬은 정말 행복한 사람이요 복된 자라 할 수 있습니다.

물론 빌레몬만 사랑을 받는 사람이 아니라 우리 모두가, 모든 그리스도인들은 사랑을 받는 자들입니다. 하나님의 사랑을 말입니다.

로마서 1:7 '로마에서 하나님의 사랑하심을 받고 성도로 부르심을 받은 모든 자에게'

데살로니가전서 1:4 '하나님의 사랑하심을 받은 형제들아'

우리는 모두 '하나님의 사랑하심을 받은 자'들입니다. '형제들'입니다. 그리고 '성도로 부르심을 받은 자'들입니다. 얼마나 귀한 일입니까?

세상적으로 보면, 미움을 받는 아내가 있는가 하면 사랑을 받는 아내가 있습니다(신21:15). 미움을 받는 아들이 있는가 하면 사랑을 받는 아들이 있습니다(신21:16). 전도자는 우리가 '사랑을 받을는지 미움을 받을는지 사람이 알지 못한다.'라고 가르치고 있습니다(전9:1). 하지만 성도들은 아무리 세상적으로 사랑을 받을 자격이 없는 사람일지라도 신앙적으로는 얼마든지 사랑을 받을 자격이 있습니다. 바울이든, 빌레몬이든, 오네시모이든 말입니다. 그러기에 믿음 안에서는 사회적 신분, 지위, 학력, 직업과 상관없이 누구나 사랑해야 하고 또 누구에게든 사랑을 받아야 합니다. 그래야 성도입니다.

빌레몬이 사랑을 받은 이유는, 하나님을 사랑하며 그의 계명을 지키며 믿음으로 살았기 때문일 것입니다(요14:21). 실제로 그는 교회를 사랑하며 성도들을 사랑했습니다(5절). 더구나 바울의 동역자였기에(1절), 사랑을 받는 사람이 되었습니다. 그런 의미에서 '두기고'도(엡6:21, 골4:7), '누가'도(골4:14) 다 '사랑을 받는 자'들입니다. 앞으로 살펴볼 '오네시모' 역시도 '사랑을 받는 자'가 되었습니다(16절, 골4:9).

이런 인간적인 측면에서도 사랑을 받는 것이 얼마나 행복한 일입니까? 더구나 신앙적 측면에서 볼 때 하나님의 사랑을 입고, 하나님의 은혜를 입고, 하나님의 구원을 받은 자가 가장 행복한 자일 것입니다. 모세의 말이 생각납니다.

> 신명기 33:29 '이스라엘이여 너는 행복한 사람이로다 여호와의 구원을 너 같이 얻은 백성이 누구냐'

동역자인 빌레몬

두 번째로 바울은 빌레몬을 '동역자'로 소개하고 있습니다.

빌레몬이 언제 어떤 일에 사도 바울과 동역했는지, 꼭 바울은 아니더라도 누구와 어떤 일에 동역했는지는 자세히 알 수 없습니다. 그렇다고 바울의 전도 여행에 함께 동참한 것도 아니고, 아니면 디모데나 디도처럼 교회를 맡아 사역을 했다는 기록은 찾아볼 수 없습니다. 하지만 아무 일도 하시 않은 사람을 보고 동역자로 부르지는 않을 것입니다. 성경에는 기록이 없지만, 빌레몬은 바울의 전도사역을 얼마 동안이지만 도왔을 가능성이 커 보입니다. 또한, 자신의 집을 교회로 사용하면서 골로새교회를 직접 섬겼을 가능성도 있고, 또 아니면 다른 목회자를 돕고 물질적으로 전도사역을 도왔을 가능성도 있습니다. 빌레몬이 어디서 어떤 일을 했든 중요한 것은, 바울이 볼 때 그를 하나님의 동역자로 보았다는 사실입니다. 바울에게 있어서 빌레몬은 분명 '동역자'였습니다.

사도 바울에게 빌레몬 외에 어떤 동역자들이 있었을까요?

'디도'(고후8:23), '디모데'(롬16:21), '마가', '아리스다고', '데마', '누가'(몬 1:24), '브리스가와 아굴라'(롬16:3), '우르바노'(롬16:9), '에바브로디도'(빌 2:25) 등이 있습니다. 이 사람들은 특별히 '동역자'(쉬네르고스)라는 표현이 붙어 있습니다.

그렇다고 바울의 동역자가 어디 이 사람들뿐이겠습니까? 성경에 기록되어 있지 않은 수많은 사람들이 바울의 동역자로 사도 바울의 전도와 목회사역을 도왔을 것입니다. 이들 중에 '브리스가와 아굴라'는 바울을 위해 '자신들의 목이라도 내놓을' 정도로 헌신적인 사람들이었으며(롬16:4), '에바브로디도' 역시도 '그리스도의 일을 위하여 죽기에 이르러도 자기 목숨을 돌보지 아니한' 사람이었습니다(빌2:30). 특히 빌립보서 4장 3절에는 '또 참으로 나와 멍에를 같이한 네게 구하노니 복음에 나와 함께 힘쓰던 저 여인들을 돕고 또한 글레멘드와 그 외에 나의 동역자들을 도우라 그 이름들이 생명책에 있느니라'라고 말합니다. 이 말씀에서도 보듯이 동역자는 '멍에를 같이' 하는, '함께 힘쓰는' 사람(여인들도 포함)이며, 그들을 '도우라'고 말합니다. 중요한 것은 그들의 이름이 '생명책에 있다'고 합니다. 그만큼 동역자는 하나님 나라에서 귀중한 사람이기 때문입니다. 제가 제일 좋아하는 성경 구절이 떠오릅니다.

요한복음 12:26 '사람이 나를 섬기려면 나를 따르라 나 있는 곳에 나를 섬기는 자도 거기 있으리니 사람이 나를 섬기면 내 아버지께서 그

를 귀히 여기시리라'

하나님의 동역자는 주님을 섬기는 자입니다. 주님을 섬기는 자는 주님이 계신 곳에 함께 있습니다. 주님을 섬기는 자를 하나님이 귀히 여기십니다.

중요한 것은 우리가 모두 '하나님의 동역자'라는 사실입니다. 하나님의 동역자는 반드시 '그리스도 안에서' 함께 일을 해야 합니다. 그리고 서로의 역할과 지위와 권위를 인정해 줄 줄 알아야 하며, 함께 수고하고, 함께 기쁨을 나누며(고후1:24), 함께 고난을 받는 자들이어야 합니다. 그래서 서로의 수고와 노고를 격려하며 위로하는 자세가 필요합니다. 따라서 우리는 '하나님과 함께 일하는 자'로서 하나님의 은혜를 헛되이 받아서는 안 됩니다.

고린도전서 3:5-9 '그런즉 아볼로는 무엇이며 바울은 무엇이냐 그들은 주께서 각각 주신 대로 너희로 하여금 믿게 한 사역자들이니라 나는 심었고 아볼로는 물을 주었으되 오직 하나님께서 자라나게 하셨나니 그런즉 심는 이나 물 주는 이는 아무것도 아니로되 오직 자라게 하시는 이는 하나님뿐이니라. 우리는 하나님의 동역자들이요 너희는 하나님의 밭이요 하나님의 집이니라'

고린도후서 6:1 '우리가 하나님과 함께 일하는 자로서 너희를 권하노니 하나님의 은혜를 헛되이 받지 말라'

'동역자(同役者, 쉬네르고스)'

　동역자란, '함께 일하는 자' '동료' '동역자'를 말합니다. 즉 어떤 목적을 가지고 함께 손을 잡고 같은 길을 가는 사람을 말합니다. 그러려면 마음도 맞아야 하고 생각도 같아야 하고 뜻도 같아야 합니다. 서로 맞장구쳐 줄 줄도 알아야 하고 상대방의 잘못에 대해서는 가감 없이 지적도 할 줄 알아야 합니다. 서로 힘이 되어 주고 서로 위로하면서 서로 격려하면서, 맡은 바 사명을 다하는 사람이 동역자입니다. 동역자는 많을수록 좋지만, 그것 역시 힘든 일입니다. 마음 맞는 사람이 그리 많지 않기 때문입니다.

　사회생활 속에서도 함께 사업하고 함께 장사하고 함께 일하는 '동업자(同業者)'가 있습니다. 동업하시는 분들을 보면, 주로 가족이나 형제나 친척, 아니면 가까운 친구나 동창이나 지인들일 경우가 많습니다. 성경에도 시몬의 동업자로 야고보와 요한이 나옵니다(눅5:10). 이들은 예수의 제자가 되기 전 갈릴리 호수에서 고기 잡는 일에 동업자로 함께 일을 했을 것입니다. 하지만 더 좋은 조건이 있다든지, 더 많은 보수를 받고 싶다든지, 더 많은 것을 차지하려고 욕심을 부리면 언제든지 등을 돌리는 것이 동업자입니다. 그래서 때로는 동업자가 배신자도 될 수 있습니다.

　그러나 '동역자'는 다릅니다. 믿음 안에서 진리를 위해 함께 수고하고(요삼1:8), 하나님 나라와 교회와 복음 전도를 위해 함께 일하는(골4:11) 자가 동역자입니다. 따라서 '동역자'는 '동업자'와는 다른 개념을 가져야 합니다. 하나님의 일을 하면서 힘들다고, 내 마음에 들지 않는다고, 더 나은 처우를 해 주지 않는다고, 그래서 지금보다 더 좋은 조건이 있다고, 내 마음대로 그 일을 그만두는 것은 진정한 동역자라 할 수 없습니다. 그만큼 동역자가 된다는 것은 참으로 어려운 일입니다.

영화 '미션 임파서블' 시리즈를 보면, 주인공인 톰 쿠르즈를 비롯한 팀원들이 각자 맡은 임무를 수행해 가는 과정을 보여주고 있는데, 많은 난관을 극복하고 끝까지 임무를 완수했을 때의 그 기쁨과 보람은 말로 표현할 수가 없을 것입니다. 마지막 그들이 서로 주고받는 대화가 무엇이겠습니까? '정말 수고했어.' '고생 많았어.' '대단했어' '고마워' '감사해' 하면서 서로 부둥켜안고 그동안 노고를 위로하면서 우정을 나눌 것입니다.

'불가능(impossible)'을 '가능(possible)'하게 하는 사람이 '동역자'입니다. 어떠한 난관과 위험도 감수해 나가는 고도의 기술과 한 치의 오차도 있어서는 안 되는 팀워크(teamwork)이 필요할 것입니다.

언젠가 어느 건축물 기초석에 이런 글귀가 쓰여 있는 것을 보았습니다. 자세히 보니 이런 글귀였습니다.
"때로 즐거워하고 때로 속상해하면서 이 터를 만들다."
저는 이 글귀를 보면서 '속상해하면서'라는 말에 눈이 갔습니다. 터를 만들고 집을 세우는 일에도 여러 사람이 동원될 뿐만 아니라 그 일을 함께함에 있어서 때로는 즐거울 때도 있지만 속상한 일이나 짜증이 나는 일이 얼마나 많겠습니까? 그렇지만 속상해하면서도 함께 끝까지 일하는 사람이 '동역자'일 것입니다. 속상한 일이 있을 때, 짜증스러운 일이 있을 때 '에이, 속상해' '에이, 짜증 나' 하면서 하던 일을 그만둔다면 동역자가 아니라 동업자일 것입니다.

우리도 하나님의 일을 하면서 같은 동역자로서 아무리 힘든 일이라 하더라도, 어떤 난관이 있다 하더라도, 끝까지 사명을 감당해 내는 그런 멋진 동역자가 되면 얼마나 좋겠습니까? 때로 즐거워하면서, 때로 속상해하면서도 하나님의 나라를 이 땅에 세워나간다면, 주님으로부터 '정말 수고했어.' '정말 고생 많았어.' '착하고 충성된 종아'(마25:21,23)라는 칭찬을 듣게 될 것입니다.

빌레몬의 가족과 교회

2절 '자매 압비아와 우리와 함께 병사 된 아킵보와 네 집에 있는 교회에 편지하노니'

본서의 원 수신자는 '빌레몬'입니다(1절).

그런데 바울은 빌레몬을 비롯한 '자매 압비아'와 '우리와 함께 병사 된 아킵보'와 그리고 '네 집에 있는 교회'에 편지를 쓰고 있습니다. 그렇다면 '압비아'와 '아킵보'는 누구일까요?

압비아

'압비아'(Apphia, 압피아)는 '가장 사랑하는 자매'라는 이름의 뜻을 가진 자로 골로새의 여성 기독교인임에 틀림없으며, 빌레몬의 아내로 추정하고 있습니다. '압비아'는 어떤 사람인지 성경적으로는 알 수 없습니다. 다만 바울은 압비아를 '자매'(아델페)로 부르고 있습니다. 이것은 바울이 디모데를 '형제'로 부르는 것(1절)과 그 의미가 같습니다. 어떻게 보면 남의 아내를 '자매'로 부르는 것은 무례한 일인지 모르지만, 복음 안에서는 가능한 일입니다. 앞에서 설명해 드린 대로 하나님을 아버지로 섬기는 자는 모두가 형제·자매입니다.

그리고 '압비아'는 어쩌면 성경에 나오는 수많은 여성들의 이름 가운데 제일 마지막으로 기록된 여성의 이름입니다.(창3:20 하와... 몬1:2 압비아)

전승에 의하면 압비아는 빌레몬과 아킵보와 함께 네로 황제 시대 때 돌에 맞아 죽임을 당했다고 합니다.

아킵보

'아킵보'(Archippus, 이르킵포)는 '말 주인'이라는 이름의 뜻을 가진 자로 빌레몬의 아들로 알려져 있습니다. 아킵보는 그래도 골로새서에 이름이 언급되어 나오는 인물입니다(골4:17). 그 역시도 당시 골로새교회에서 어떤 직분을 맡고 있었던 것이 분명합니다.

그래서 바울은 특별히 그를 가리켜 '우리와 함께 병사 된' 자로 부릅니다. '병사'(스트라티오테스)라는 용어는 군대 용어로서 전쟁에 나가 싸우는 자를 말합니다. 그렇다고 지금 아킵보가 실제로 군인이라는 말은 아닙니다. 여기서 그를 병사라고 한 것은 복음을 위하여, 그리스도를 위하여 바울과 함께 싸우는 동지라는 의미입니다.

특히 구세군에서 '병사'라는 말이 익숙한 것은, 구세군에서는 '세례교인'을 '병사'로 부르기 때문입니다. 구세군은 준군대식 조직을 가지고 있습니다. 대장이 있고 사령관이 있고 참모들이 있으며, 하사관들이 있고 병사들이 있습니다. 그리고 계급이 있고 군기가 있고 군가가 있고 군복이 있습니다. 그래서 구세군은 교회를 '영문'(corps, 진영)이라고 합니다. 구세군은 언제나 싸울 준비가 되어 있고, 지금도 영혼 구원을 위해 싸우고 있습니다. 참고로 구세군에서 쓰는 용어는 일반 교회에서 쓰는 용어와 조금 다를 뿐입니다. 목회자를 '사관'으로, 장로를 '정교'로, 집사를 '부교'로, 여전도회 회장을 '가정단 단장'으로 부릅니다. 하지만 예배는 동일하며 교회들의 연합 활동에도 함께 하고 있습니다.

그리고 병사는 많을수록 좋습니다. 그래서 너도나도 '함께' 병사가 되어야 합니다. 그 중에 아킵보도 '우리와 함께 병사'가 되었습니다. 얼마나 귀한 일입니까? 에바브로디도 역시도 '함께 군사' 된 자였습니다.

빌립보서 2:25 '... 그는(에바브로디도) 나의 형제요 함께 수고하고 함께 군사 된 자요. 너희 사자로 내가 쓸 것을 돕는 자라'

그런데 아킵보가 얼마나 그리스도의 좋은 병사로(딤후2:3) 선한 싸움을 싸웠는지 알 수 없습니다. 또 그가 어떤 직분을 가지고 골로새교회를 섬겼는지 알 수 없지만, 다만 바울이 골로새교회에 보내는 편지로 알 수 있는 것은, 아킵보가 자신의 직분을 잘 감당하지 못하고 있었지 않았나 생각이 듭니다.

골로새서 4:17 '아킵보에게 이르기를 주 안에서 받은 직분을 삼가 이루라고 하라'

아마도 아킵보는 '에바브라'의(골1:7) 후임자로 골로새교회를 사역하는 지도자의 직분을 받았을 가능성이 큽니다. 그런데도 사도 바울은 이런 충고를 하는 것을 보면, 어쩌면 아킵보가 골로새교회 성도들에게나 사도 바울의 기대에 부응하지 못하고 있다는 것을 짐작할 수 있습니다. 그래서 그로 하여금 다시 한번 직분에 대한 소명의식과 맡은 바 사명을 다해 줄 것을 권면하고 있음을 알 수 있습니다.

어쨌든 아킵보는 개인적으로는 '함께 병사된 자'이지만, 공동체적으로는 뭔가 기대에 부응하지 못하는 사람이 아닌가 생각됩니다.

모든 직분자는 자기가 맡은 일에 최선을 다하며 충성을 다하는 것이 올바른 태도입니다. 우리도 혹시 직분을 가볍게 여기거나 맡은 일에 충실하지 못하면, 우리 역시도 '주 안에서 받은 직분을 삼가 이루는' 일꾼들이 되어야 합니다.

고린도전서 4:2 '그리고 맡은 자들에게 구할 것은 충성이니라'

요한계시록 2:10 '네가 죽도록 충성하라 그리하면 내가 생명의 관을 네게 주리라'

그리고 직분자들이 꼭 알아야 할 것은, 교회의 모든 직분은 하나님이 주신 직분임을 기억해야 합니다. 아킵보가 받은 직분도 '주 안에서 받은 직분'임을 보게 되고, 사도 바울도 '나를 능하게 하신 그리스도 예수 우리 주께 내가 감사함은 나를 충성되이 여겨 내게 직분을 맡기심이니'(딤전1:12)라고 고백하고 있습니다.

어쨌든 '압비아'와 '아킵보'는 당시 골로새 교회를 섬기고 있었던 것이 분명합니다.

그리고 이들 빌레몬의 가족들이 골로새 교회구성원을 이루고 있었던 것도 틀림없습니다. 어쩌면 빌레몬의 집이 교회로 사용되었을 가능성도 있습니다. 그래서 '네 집에 있는 교회'라고 말하고 있습니다. 빌레몬 가정이 교회로 사용되었다면 그 얼마나 영광스러운 일이었겠습니까?

교회

사도 바울은 본 서신의 마지막 수신처로 '교회'를 언급합니다.

여기서 말하는 '네 집'은 빌레몬의 집을 말합니다. 그러니까 빌레몬의 집이 교회로 사용되고 있었다는 것을 알 수 있습니다. 그리고 그 교회는 바로 '골로새교회'를 말합니다.

'집'(오이코스)이라는 말은, 단순히 사람이 거주하는 '집'(house)이나 '거처'를 말하기도 하지만, 큰 건물을 가리키거나 특별히 궁전 또는 성전도 '오이코스'라고 합니다. 나아가 '오이코스'는 하나님의 집 곧 성전을 가리키며 그곳에서 예배드리는 회중을 의미하기도 합니다. 예를 들어 '하나님 집'이라고 할 때 그 '집'은 성전을 가리키는 말입니다.

'교회'(에클레시아)라는 말은, '집회' '회중' '교회'를 말하는데, 원래의 뜻은 '불러낸 자들'이라는 의미를 지닙니다. 따라서 이 말은 교회가 생기기 훨씬 오래전부터(주전 5세기) 사용됐으며, 고대 도시 국가에서 시민들의 전체 대중 집회를 나타내는 말이기도 합니다.

'교회'라는 말은 물론 신약적인 개념임이 틀림없지만, 복음서에는 '교회'라는 말이 딱 두 번 나오는데 마태복음에만 나옵니다. 마태복음 16장 18절에 '…내가 이 반석 위에 내 교회를 세우리니…', 마태복음 18장 17잘에 '만일 그들의 말을 듣지 않거든 교회에 말하고…' 두 번 다 예수님이 하신 말씀인데 '마태'만 이것을 기록하고 있습니다.

'누가'는 '교회'라는 말을 누가복음에는 전혀 언급하고 있지 않지만, 사도행전에는 16회나 사용하고 있습니다(행5:11 이후부터). 사도행전에서의 교회는 주로 무리들의 모임인 공동체를 가리키고 있습니다. 예를 들면 '예루살렘 교회가'(행11:22), '안디옥 교회에'(행13:1), '에베소로 보내에 교회 장로들을 청하니'(행20:17) 이런 말은, '예루살렘에 있는 공동체', '안디옥에 있는 공동체', '에베소에 있는 공동체'가 바로 교회라는 의미입니다.

그런데 본 서신의 저자인 '바울'은 그의 서신에서(특히 에베소서와 골로새서) 교회에 대한 보다 구체적인 교리를 가르치고 있습니다. '에베소서'를 '교회론'이라 해도 과언이 아닐 정도입니다. '요한계시록'에서는 교회들에게 하시는 주님의 말씀이 나옵니다. 따라서 우리는 '성령이 교회들에게 하시는 말씀'을 들어야 합니다. 어쨌든 교회는 그리스도와 밀접한 관계를 맺고 있습니다. 교회는 성도들과 밀접한 관계를 맺고 있습니다. 또한, 교회는 지역사회와 밀접한 관계를 맺고 있어야 합니다.

참고로, 예루살렘 교회는 '마가 요한'의 집(행12:12), 빌립보 교회는 '루디아'의 집(행16:15), 에베소 교회는 '브리스길라와 아굴라'의 집(고전16:19), 고린도 교회는 '가이오' 집(롬16:23), 로마 교회는 '브리스길라와 아굴라'의 집(롬16:5), 그리고 골로새 교회는 '빌레몬'의 집이 각각 교회로 사용되었습니다.

우리나라 최초의 교회는 '서상륜(동생은 서경조)'에 의해 황해도 소래마을 한 초가집에서 1883년 5월 16일 시작되었다고 합니다. 그러니까 초대교회는 오늘날처럼 교회 건물이 따로 있었던 것이 아니라 누구의 집이든 조금 큰 집에서 모여 예배를 드렸습니다. 예수님과 제자들이 유월절 만찬을 가졌던 '큰 다락방'(막14:15)이 나중에 120명이나 모인 큰 집(행1:15)이였는데, 이 집이 바로 '마가의 다락방'으로 불리고 있습니다. 예루살렘 교회는 바로 이 마가의 다락방에서 시작되었습니다. 또 어떤 큰 집은 삼층으로 된 집도 있었습니다. 유두고가 창에 걸터앉아 바울의 설교를 듣다가 그만 잠이 드는 바람에 삼층에서 떨어져 죽는 사건이 발생한 때도 있습니다(행20:9). 다행히 바울이 죽은 유두고를 살려냅니다.

'빌레몬서'는 사도 바울이 빌레몬 개인에게 보낸 편지임에는 틀림없지만, 나아가 골로새교회에 보낸 편지라고도 볼 수 있습니다. 바울이 수신자로 '압비아'와 '아킵보'를 언급한 것은 그들이 빌레몬의 가족이기 때문입니다. 그리고 수신자로 '교회'를 언급한 것은 빌레몬의 집이 교회였기 때문입니다. 그래서 '빌레몬서'와 '골로새서'가 연관이 있다고 보는 것은, 골로새서에 '오네시모'에 대한 내용이 나오기 때문입니다.

골로새서 4:9 '신실하고 사랑을 받는 형제 오네시모를 함께 보내노니 그는 너희에게서 온 사람이라 그들이 여기 일을 다 너희에게 알려 주리라'

이것을 볼 때, 먼저 골로새교회에 편지를 쓰면서 오네시모를 보낸다고 한 후에 빌레몬에서 편지를 써서 오네시모를 받아 줄 것을 개인적으로 부탁을 했는지, 아니면 빌레몬에게 먼저 오네시모를 받아 줄 것을 부탁하고 후에 골로새교회에 오네시모를 보낸다고 편지를 했을 가능성을 생각해 볼 수 있지만, 전후 사정은 정확히 알 수는 없습니다. 다만 '골로새서'와 '빌레몬서'에 '오네시모'에 대한 이야기가 함께 들어있다는 점입니다. 이것은 아마도 빌레몬의 입장에서 볼 때는 '개인적인 문제'이겠지만, 오네시모가 빌레몬의 집에서 종으로 있었기 때문에 오네시모를 다시 돌려보내는 일이 '가정적인 문제'이기에 수신자가 가족들이 나오고, 다른 한편으로는 이제 오네시모가 믿는 성도가 되어 유익한 자로, 나아가 교회를 섬기는 자로 돌려보내는 일이 '교회적인 문제'일 수도 있기 때문에 골로새교회에도 서신을 보내지 않았나 생각됩니다.

은혜와 평강

3절 '하나님 우리 아버지와 주 예수 그리스도로부터 은혜와 평강이 너희에게 있을지어다'

사도 바울은 편지 서두에서 인사를 통해 마지막으로 하나님의 은혜와 평강이 있을 것을 빌레몬과 그의 가족과 그의 몸 된 교회에 기원합니다. 우리는 여기서 다시 하나님과 예수님을 만나게 됩니다. 본서에서 '하나님'은 3절과 4절에서 두 번 나옵니다.

하나님 우리 아버지

여기서 하나님은 어떤 분입니까? '하나님 우리 아버지'입니다.

'하나님(데오스)' 그분은 '우리 아버지(파테르)'이십니다. 우리는 하나님을 '아버지'로 부릅니다. 하나님은 '우리' 모두의 '아버지'이십니다. 물론 하나님을 우리는 '창조주 하나님'으로 부르기도 하고, '살아계신 하나님'으로 부르기도 하고, '사랑의 하나님', '거룩하신 하나님', '전능하신 하나님'으로 부르기도 합니다만, '하나님 아버지'로 부르는 것이 우리에게는 더 친숙하게 다가옵니다. 그렇다고 하나님을 아버지로 부른다고 해서 육신적인 아버지나 세상적인 아버지를 의미하지는 않습니다. 하나님은 예수님이 가르쳐 주신 대로 '하늘에 계신 우리 아버지'이십니다(마6:9). 하나님은 하늘에 계시며, 영적인 분이시기에 우리는 볼 수 없지만, 모든 것을 보시며, 모든 것을 들으시며, 모든 것을 아시는 분이십니다. 그분이 세상만물을 창조하셨고(창1:1-25), 우리 인간을 하나님의 형상대로 창조하셨습니다(창1:26-31). 그분이 우리를 이 땅에 태어나게 하셨고, 태어난 만민에게 생명과 호흡과 만물을 친히 주셔서 온 땅에 살게 하시고(행17:25-26), 지금까지 우리를 돌보시며 우리의 필요를 채워주시는 분이 하나님이십니다. 우리가 믿는 하나님이 이런 분이십니다. 따라서 하나님은 우리 모두의 아버지가 되십니다(말2:10).

'하나님'은 우리를 너무나 사랑한 나머지 독생자 예수 그리스도를 이 땅에 보내 주신 분입니다(요3:16). 하나님이 그 아들 예수 그리스도를 세상에 보내주신 것은 그를 통해 세상을 구원하기 위해서였습니다(요3:17). 따라서 하나님의 독생자 예수 그리스도의 이름을 믿는 자는 영생을 얻게 되지만(요3:15), 그 이름을 믿지 않는 자는 심판을 받게 됩니다(요3:18). 이러한 사실은 '니고데모'도(요3:5-21의 내용이 예수님이 니고데모에게 한 말씀임), 오늘날 우리노 알아야 합니다. 중요한 것은 하나님은 우리 모두를 너무나 사랑하신다는 사실입니다. 왜일까요? 그분이 우리의 아버지이시기 때문입니다. 그러기에 우리는 먼저 두려워해야 할 분이 '하나님 아버지'이십니다. 그리고 그분만이 특별히 가지고 계신 '부성(父性)' 또는 '부권(父權)'을 인정할 줄 알아야 합니다.

그리고 우리가 하나님을 '아버지'(파테르)로 부르는 것은, 하나님의 나라가 가족적인 개념임을 기억할 필요가 있습니다. 즉 하나님을 믿는 모든 자들이 인종이나 연령이나 신분이나 남녀노소를 불문하고 다 하나님을 아버지로 모시고 사는 영적 가족입니다. 그래서 앞에서 살펴본 대로 바울이 디모데를 '형제'로 부르고(1절), 빌레몬을 '형제'로 부르고(4,20절), 압비아를 '자매'로 부르고(2절), 심지어 노예였던 오네시모까지 '형제'로 부르고(16절) 있습니다. 우리 모두는 하나님을 아버지로 모시고 사는 자녀들인 형제·자매들입니다.

아마 천국에 가면 이 세상에서 부르던 직함들은 어디 간데없고 오직 형제·자매로만 부르지 않나 생각됩니다. 하나님을 아버지로 부르는 소리만 들릴 것입니다.

하나님을 아버지로 부르지 못하는 이유

그런데 하나님이 우리의 아버지라는 사실은 믿고 인정한다 하더라도, 실제로 하나님을 '아버지'라 부르기는 쉽지 않습니다.

그 이유는 두 가지로 생각이 듭니다. 하나는, 하나님이 영적인 분이시기에 성령을 힘입지 않고는 하나님을 믿을 수도 없고, 하나님을 아버지라 부를 수도 없습니다.

> **갈라디아서 4:6** '너희가 아들이므로 하나님이 그 아들의 영을 우리 마음 가운데 보내사 아빠 아버지라 부르게 하셨느니라'

> **로마서 8:15** '너희는 다시 무서워하는 종의 영을 받지 아니하고 양자의 영을 받았으므로 우리가 아빠 아버지라고 부르짖느니라'

다른 하나는, 육신의 아버지에 대한 이미지가 좋지 않은 경우입니다. 실제로 우리를 낳고 기른 육신의 부모인 아버지를 '아버지'로 제대로 부르지 못하는 사람은, 영적인 아버지인 하나님을 '아버지'로 부르기가 여간 힘들어하는 것을 보게 됩니다. 그런 간증도 많이 들었습니다. 우리는 '아버지' 하면, 육신의 아버지를 먼저 떠올립니다. 그런데 나의 좋은 아버지가 아니라, 나를 사랑하는 아버지가 아니라 나에게 고통만 주고, 나를 힘들게 하고, 나를 미워하는 아버지로 기억하기 때문에 '아버지'란 말만 들어도 분노만 솟아오를 정도라면, 아무리 신앙이 있다 하더라도 그런 사람은 하나님을 '아버지'라 부르기가 쉽지 않을 것입니다.

저는 당시 국민학교(지금의 초등학교) 교사였던 아버지 밑에서 태어났습니다. 아버지가 초등학교 교장선생님일 때 저는 초등학교에 들어갔습니다. 아버지의 별명이 '호랑이 교장선생님'이었습니다. 다른 아이들은 얼마나 무서워했는지 모릅니다. 그러나 저는 하나도 안 무서웠습니다. 저의 아버지니까요. 제가 초등학생 때 아버지께 세 번 맞은 적이 있습니다. 한번은 얼마나 크게 맞았는지 며칠 동안 학교에 못 갈 정도였습니다. 요즘 같으면 큰일 날 일이겠죠. 교장선생님이 자기 아들을 때려서 학교에 못 갔다고 하면 난리 나겠죠. 한번은 저의 여동생을 들어 담장 밖으로 집어 던지기도 했습니다. 얼마나 엄격했고 무서웠는지 모릅니다. 그러나 저는 그런 아버지가 한 번도 미워했거나 싫은 적이 없었습니다. 잘 때는 언제나 아버지 품에서 자곤 했습니다. 낮에는 호랑이 교장선생님인지 몰라도 밤에는 언제나 자상한 아버지였습니다.

그 모든 것이 나를 위한 교육이었습니다. 나를 향한 사랑이었습니다. 그런 아버지를 늘 존경 했습니다. 오늘날 제가 있기까지는 어릴 때부터 저를 매와 사랑으로 키워 주신 아버지가 있었기 때문입니다. 그런 아버지 덕분으로 저는 지금까지 남의 물건 하나 훔친 적 없고, 예의 바르게, 성실하게 살아왔습니다.

육신의 아버지 덕분에 좋은 사람이 되어 살아가고 있고, 하늘의 아버지 하나님 덕분에 저는 구원을 얻어 하나님의 자녀로, 주의 종으로 살아가고 있으니 얼마나 행복한지 모릅니다.

주 예수 그리스도

그 다음, 예수님은 어떤 분이십니까?

'주 예수 그리스도'이십니다. 하나님이 우리의 '아버지'이시라면 예수님은 우리의 '주님'이십니다. 바울은 하나님을 '우리 아버지'로 부르고, 예수를 '주 예수 그리스도'라고 부르고 있습니다. '예수'가 '그리스도'라는 사실에 대해서는 이미 앞에서 살펴보았습니다.

여기서 '주'(퀴리오스)라는 말은, 힘과 권세를 가진 '주인'이라는 뜻입니다. 신(神)을 가리킬 때 쓰기도 했고, 왕을 가리킬 때, 지휘관이나 사령관의 호칭으로도 사용되었으며, 심지어 남편이나 선생을 부를 때도 사용되었습니다. 무엇보다도 하나님을 가리켜 '주님'(Lord)으로 불렀습니다.

일반적으로 주인을 가리킬 때는 'lord'(주인)이지만, 하나님을 가리킬 때는 'Lord'(주님)으로 사용합니다. 예수님도 하나님이시기에 당연히

'주님'(Lord)이십니다. 창조주요 '하늘과 땅의 모든 권세'(마28:18)를 가지신 분이시기에 당연히 '주님'이십니다. 예수님의 '주' 되심은 그의 죽으심과 부활하심과 승천하심을 통해 이루어진 명칭이기도 합니다.

> 사도행전 2:36 '그런즉 이스라엘 온 집은 확실히 알지니 너희가 십자가에 못 박은 이 예수를 하나님이 주와 그리스도가 되게 하셨느니라 하니라'

> 로마서 1:4 '성결의 영으로는 죽은 자들 가운데서 부활하사 능력으로 하나님의 아들로 선포되셨으니 곧 우리 주 예수 그리스도시니라'

이런 예수님을 '주'로 고백하는 일도 역시 성령님의 도우심이 필요합니다.

> 고린도전서 12:3 '또 성령으로 아니하고는 누구든지 예수를 주시라 할 수 없느니라'

어떻게 보면 오네시모의 주인은 빌레몬이었고, 빌레몬의 주인은 예수 그리스도입니다. 그러나 이제는 오네시모의 주인도, 빌레몬의 주인도, 바울의 주인도, 우리의 주인도 다 예수 그리스도 한 분밖에 없습니다. 우리에게 다른 주인들이 있다면(lords) 내려놓아야 할 것입니다. 이제 이런 우리의 '아버지(파테르)' 되시는 하나님과 우리의 '주(퀴리오스)'가 되시는 예수 그리스도로부터 '은혜와 평강이 너희에게 있을지어다'라고 기원하고 있습니다.

바울은 다른 서신서들에서도 이런 기원을 서두에 하는 것을 볼 수 있습니다(롬1:7, 고전1:3, 고후1:2, 갈1:3, 빌1:2, 살후1:2).

그만큼 은혜와 평강은 그리스도인들에게 있어서, 교회 공동체에 있어서 중요한 단어입니다.

그렇다면 '은혜와 평강'는 무엇일까요?

은혜

'은혜'(카리스)라는 말은 본래 '사람 중에 복리를 가져오는 것'을 의미하는데, '은혜, 호의, 선물, 친절, 즐거움, 기쁨, 감사' 등 여러 가지 의미를 내포하고 있습니다.

즉 '값없이 주는 것'(카리조마이)을 말합니다. 특히 하나님이 인간에게 베푸시는 무조건적인 사랑을 말하기도 합니다. 은혜는 '은총' 또는 '은택'이라는 말과 함께 쓰이기도 합니다. '은혜'는 복음의 특성을 잘 설명해주고 있습니다. '은혜로운 말'(눅4:22), '은혜의 말씀'(행14:3, 20:32) 등이 있습니다. 그리고 예수님 자신이 '은혜' 그 자체입니다.

> 요한복음 1:14 '우리가 그의 영광을 보니 아버지의 독생자의 영광이요 은혜와 진리기 충만하더라'

> 요한복음 1:16 '우리가 다 그의 충만한 데서 받으니 은혜 위에 은혜러라'

그리고 사도 바울은 그의 서신서를 통해 이 '은혜'를 다양한 의미로 사용하고 있습니다. 주로 서신 서두의 인사말이나 서신 마지막 부분에서 '은혜'를 강조하고 있습니다. 특히 바울에게 있어서 '은혜'의 가르침은, 기본적 사상은 '값없이 주신다'는 것인데, 이 은혜(카리스)가 하나님의 속성만이 아니라 구원 사건에 있어서의 역할도 잘 드러내주고 있습니다. 즉 하나님의 은혜는 십자가에서 구체화되었고 복음으로 선포되었습니다. 하나님의 은혜는 죄인들에게 나타났고, 칭의의 기반이 되었습니다(롬3:23-24, 5:20-21). 따라서 우리는 오직 이 은혜로 구원을 얻습니다. 물론 우리의 믿음으로 구원을 얻지만 하나님의 은혜가 아니면 믿을 수조차 없습니다. 믿는 것이 은혜입니다. 그러기에 은혜는 선물입니다. 더 요구하거나 더 얻으려고 해도 얻을 수 없습니다. 하나님이 주시는 선물이기 때문입니다(엡2:8, 4:7).

은혜로 충분합니다.

그래서 바울은 자신이 사도가 된 것도 하나님의 은혜요(롬1:5, 갈1:15), 자신의 연약함 속에서도 사명을 다하는 것도 하나님의 은혜요(고후12:9), '나의 나 된 것도 다 하나님의 은혜'라고 고백하고 있습니다(고전15:10).

평강

'평강'(에이레네)은 '평화, 복지, 번영'을 뜻하는 말입니다. '평강'이란 말은 구약성경에서 여러 가지 의미로 많이 사용된 단어입니다만, 그 중에 주로 많이 사용된 경우는, 히브리어 '샬롬'으로 주로 문안 인사를 할 때(만남이나 작별 인사 때) 사용되었습니다. 이 외에도 '안식' '평화' '평안' '형통' '육체의 건강' '만족함' '도덕적 선' 등을 의미하기도 합니다. 신약성경에도 골고루 이 단어가 사용되고 있습니다. 역시 인사말로, 안녕이나 구원을 말할 때, 안전을 말할 때, 마음의 평안을 말할 때 주로 사용되었습니다. '평강'의 근원은 하나님이십니다(빌4:7). 그리스도 이십니다(요14:27). 성령님이십니다(갈5:22).

'평강' 역시 '은혜'와 마찬가지로 하나님의 선물임이 틀림없습니다. 어쩌면 평강은 은혜의 결과이기도 합니다. 즉 은혜를 입은 자가 누리는 내적 현상을 말하는데, 이는 세상이 주는 평강이 아니라 하늘의 평강을 말합니다.

요한복음 14:27 '평안을 너희에게 끼치노니 곧 나의 평안을 너희에게 주노라 내가 너희에게 주는 것은 세상이 주는 것과 같지 아니하니라'

'평강'은 가정에서 필요합니다(고전7:15). 개인의 평강도 필요합니다(눅8:48). 국제적인 평강도 필요합니다(삼상7:14). 민족의 평강도 필요합니다(왕상4:24). 무엇보다 인간관계에도 필요합니다(롬14:19). 그래서 모든 사람으로 더불어 평강을 좇을 것을 권면합니다(딤후2:22, 히12:14).

문제는 이런 호의와 선물인 은혜와 평강을, 누가 주느냐는 것입니다. 그것도 값없이 말입니다. 그 대답은 '하나님 우리 아버지와 주 예수 그리스도로부터' 주어집니다. '은혜'와 '평강'은 오직 하나님만이, 예수님만이 우리에게 주시는 무조건적인 사랑이요 선물입니다. 은혜와 평강의 출처와 근원은 오직 하나님이십니다. 은혜와 평강은 오직 하나님(예수님)에게만 있습니다. 하나님 자신이 은혜와 평강입니다. 즉 하나님은 은혜로우신 분입니다. 은혜의 하나님이십니다. 평강의 하나님이십니다. 예수님도 은혜가 충만하신 분입니다(요1:14,16). 이런 하나님의 은혜를 받는 것이 얼마나 중요한지 모릅니다.

하나님의 은혜를 입은 대표적인 사람은 노아(창6:8), 야곱(창33:11), 애굽의 산파들(출1:20), 모세(출33:12,17), 다니엘(단9:23, 10:19), 마리아(눅1:28,30) 등이 있습니다.

은혜를 입은 자들이 어디 이들뿐이겠습니까?

그리고 하나님께 은혜를 입는 자는 사람에게도 은혜를 입게 마련입니다. 대표적인 경우를 보면, 야곱이 에서에게서(창33:8,10,15), 요셉이 보디발과 간수장에게서(창39:4,21), 룻이 보아스에게서(룻2:10,13,20), 다니엘이 환관장에게서(단1:9), 느헤미야가 아닥사스다 왕에게서(느2:5), 에스더가 헤개와 아하수에로 왕에게서(에2:9, 7:3, 8:5) 각각 은혜를 입었습니다. 그리고 은혜를 입은 자는 반드시 은혜를 베풀 줄 알아야 합니다. 다윗처럼 말입니다(삼하9:1,3,7).

본 서신서를 생각해 볼 때, 박해자였던 사울이 하나님의 은혜를 입어 사도 바울이 되었고, 디모데, 빌레몬 역시 바울을 통해 하나님의 은혜를 입은 자들입니다. 노예였던 오네시모가 빌레몬의 집에서 도망쳐 나왔지만 역시 사도 바울을 만남으로 하나님의 은혜를 입어 그리스도인이 되었습니다. 앞으로 오네시모는 자신의 주인에게로 돌아가 빌레몬에게서 은혜를 입을 차례입니다. 나아가 오네시모는 골로새교회에게서도 은혜를 입어야 할 것입니다.

은혜를 받은 자가 은혜를 베푼다면 얼마나 좋겠습니까?

우리는 하나님의 은혜로 구원받은 자들입니다. 구원받은 자들에게는 그 마음과 삶 속에 하나님이 주시는 기쁨과 평강이 넘쳐나게 됩니다. 이런 은혜와 평강이 우리 모두에게 함께 하시기를 기원합니다.

> 로마서 1:7 '로마에서 하나님의 사랑하심을 받고 성도로 부르심을 받은 모든 자에게 하나님 우리 아버지와 주 예수 그리스도로부터 은혜와 평강이 있기를 원하노라'

> 고린도전서 1:3 '하나님 우리 아버지와 주 예수 그리스도로부터 은혜와 평강이 있기를 원하노라'

> 민수기 6:24-26 '여호와는 네게 복을 주시고 너를 지키시기를 원하며, 여호와는 그의 얼굴을 네게 비추사 은혜 베푸시기를 원하며, 여호와는 그 얼굴을 네게로 향하여 드사 평강 주시기를 원하노라.'

1. '그리스도 예수를 위해 갇힌 자' 된 바울을 보면서, 혹시 지금 내가 겪고 있는 고난이 그리스도를 위한 것이라면 어떻게 이겨 나가야 하겠습니까?

2. 사도 바울은 부활의 주님을 만났고, 디모데는 오늘날로 말하면 '모태신앙'이라 할 수 있는데, 이들의 신앙의 차이점은 무엇일까요?

3. 나는 하나님의 일을 하면서 '동업자'인지 아니면 '동역자'인지 점검해 봅시다.

4. 내 심령과 삶에 하나님이 주시는 진정한 은혜와 평강이 있는 지요?

제2장 빌레몬의 신앙(4-7절)

'내가 항상 내 하나님께 감사하고 기도할 때에 너를 말함은 주 예수와 및 모든 성도에 대한 네 사랑과 믿음이 있음을 들음이니 이로써 네 믿음의 교제가 우리 가운데 있는 선을 알게 하고 그리스도께 이르도록 역사하느니라 형제여 성도들의 마음이 너로 말미암아 평안함을 얻었으니 내가 너의 사랑으로 많은 기쁨과 위로를 받았노라.'(4-7절)

본문은 본 서신의 주인공인 빌레몬이 어떤 믿음의 사람인지를 다시 만나게 됩니다. 이런 빌레몬의 신앙과 삶은 다만 바울이 들어서 알고 있는 내용이며, 그런 빌레몬을 바울은 칭찬하고 있습니다.

오네시모의 탈출

1. 빌레몬을 위해 기도하는 바울

4절 '내가 항상 내 하나님께 감사하고 기도할 때에 너를 말함은...'

여기서 우리는 '기도'(프로슈케)하는 바울을 보게 됩니다. 이런 기도하는 모습은 바울의 다른 서신서에서도 얼마든지 찾아볼 수 있습니다(롬1:9, 고전1:4, 빌1:3, 골1:3, 살전1:2, 살후1:3, 딤후1:3). 이런 바울의 기도는 서신서의 목적을 이루기에 충분합니다. 다시 말하면 교회나 개인에게 무엇을 권면하고 부탁하기 이전에, 기도로 소통하고 있다는 것을 보여 줌으로써 상대방으로 하여금 바울의 말을 더욱 신뢰하며 공감할 수 있기 때문입니다.

우리는 이 짧은 문맥 안에서 먼저 기도에 대한 교훈을 배울 수 있습니다.

▌기도의 주최는 누구입니까?

'내가'입니다. 바울을 말합니다. 바울이 기도하고 있습니다. 기도는 누가 해야 합니까? 바로 '내가' 해야 합니다.

우리는 종종 내가 해야 할 기도를 다른 사람에게 부탁하는 것을 보게 됩니다. 물론 어렵고 힘든 일들은 함께 기도해 주는 것도 바람직합니다. 그것을 우리는 '중보기도'라고 합니다. 하지만 기도는 내가 해야 합니다. 누가 나 대신 교회 가고, 누가 나 대신 예배드리고, 누가 나 대신 기도해 주고, 누가 나 대신 성경 읽어주면 얼마나 좋겠습니까? 그러나 '누가 나 대신 천국에 가주었으면 좋겠다'라고 말하는 사람은 아무도 없을 것입니다. 모든 신앙생활은 내가 해야 합니다. 천국 가기 위해서라도 내가 해야 합니다. 누가 대신해 줄 수 없습니다.

누구에게 기도하고 있습니까?

'내 하나님께' 기도하고 있습니다. 기도는 하나님께 하는 것입니다. 기도의 대상은 하나님이십니다. 우리는 '하나님'께 기도해야 하며, '성령'의 도우심으로 기도해야 하며, '예수'의 이름으로 기도해야 합니다. 그리고 하나님만이 우리의 기도를 들으시고 응답하시는 분이심을 믿어야 합니다.

그런데 바울은 '우리 하나님'이라는 말 대신에 '내 하나님'이라고 말하고 있습니다. 기도는 '공동체적인 기도'가 있고, '개인적인 기도'가 있습니다. 공동체적인 기도는 '우리 하나님'께 기도해야 하지만, 개인적인 기도는 '내(나의) 하나님'께 기도해야 합니다. 즉 기도의 상황에 따라 적절한 용어를 사용하는 것도 중요합니다.

누구를 위해 기도하고 있습니까?

'기도할 때에 너를 말함은...' 여기서 '너'는 빌레몬을 말합니다. 바울은 빌레몬을 위해 기도하고 있습니다.

기도는 목적이 분명해야 합니다. 그 목적은 '누구를 위해' 기도할 수 있고, '무엇을 위해' 기도할 수 있습니다. 즉 우리의 기도는 어떤 사람을 위해 기도하거나 어떤 문제를 위해 기도하는 것이 상례입니다. 기도는 목적을 가지고 해야 합니다.

▌언제, 어떻게 기도하고 있습니까?

바울은 빌레몬을 위해 기도하되 '항상' 기도하고, '감사'함으로 기도하고 있습니다. 기도는 '항상(판토테)', '언제나', '늘' 해야 합니다. 기도는 '쉬지 말고 기도'해야 합니다(살전5:17). '항상 성령 안에서 기도'해야 합니다(엡6:18). '계속'해서 기도해야 합니다(골4:2).

기도만이 아니라 우리가 그리스도인이라면 항상 힘써야 할 것들이 많이 있습니다.

'항상 기도하고 깨어 있어야' 하며(눅21:36, 롬12:12), '항상 양심에 거리낌이 없기를 힘써야' 하며(행24:16), '항상 주의 일에 힘쓰는 자들'이 되어야 하며(고전15:58), '항상 그리스도 안에서 이기는' 삶을 살아야 하며(고후2:14), '항상 담대해야' 하며(고후5:6), '항상 기뻐해야' 하며(고후6:10, 빌4:4), 하나님이 주시는 은혜로 '모든 일에 항상 모든 것이 넉넉하여 모든 착한 일을 넘치게' 해야 하며(고후9:8), '항상 복종하여' 두려운 마음으로 구원을 이루어 나가야 하며(빌2:12), 소망에 관한 이유를 묻는 자에게 '대답할 것을 항상 예비'해야 하며(벧전3:15), '항상 하나님께 감사하며 기도'해야(살전1:2) 합니다.

그리고 바울은 빌레몬을 위해 기도할 때 항상 '감사'하며 기도하고 있습니다. 하나님께 감사하는 마음으로 기도하고 있습니다. '감사'는 기도의 핵심 요소입니다. '감사(유카리스테오)'는 주로 신약성경에서 사용되고 있으며, 대부분이 하나님께 대한 감사의 뜻으로 사용되고 있습니다. 즉 기도의 대상이 하나님이듯이, 감사의 대상도 역시 하나님이십니다. 물론 사람에 대해 감사도 해야 합니다.

'감사'는 바울 서신에서 서론 부문에서 흔히 언급되고 있습니다(고전1:4, 빌1:3, 골1:3, 살전1:2, 살후1:3, 딤후1:3). 서론 부문 이외에도 바울은 감사에 대한 교훈을 주고 있습니다. 감사는 '범사에 감사'해야 하고(살전5:18), '예수 그리스도의 이름으로 항상 아버지 하나님께 감사'해야 하며(엡5:20), 자발적이면서도(빌1:3) 의무적으로(살후2:13) 계속해서(엡1:16) 감사해야 합니다.

> 로마서 1:9 '...항상 내 기도에 쉬지 않고 너희를 말하며'
>
> 고린도전서 1:4 '...내가 너희를 위하여 항상 하나님께 감사하노니'
>
> 데살로니가전서 1:2 '우리가 너희 모두로 말미암아 항상 하나님께 감사하며 기도할 때에 너희를 기억 함은'
>
> 데살로니가후서 1:3 '형제들아 우리가 너희를 위하여 항상 하나님께 감사할지니...'

2. 사랑과 믿음을 가진 빌레몬

5절 '주 예수와 및 모든 성도에 대한 네 사랑과 믿음이 있음을 들음

이니'

바울이 빌레몬을 위해 기도하는 것은, '주 예수와 및 모든 성도에 대한 네 사랑과 믿음이 있음을' 들었기 때문입니다. 기도는 동기가 있기 마련입니다. 좋은 소식을 들었을 때나 나쁜 소식을 들었을 때 기도할 마음이 생깁니다. 바울은 빌레몬에 대해 어떤 소식을 듣고 기도할 마음이 생겼을까요?

'주 예수와 및 모든 성도에 대한 네 사랑과 믿음이 있음'을 들었습니다. 여기에서 우리는 빌레몬이 어떠한 사람인지, 그의 신앙이 어떠한지를 보게 됩니다.

▎믿음을 가진 사람입니다.

빌레몬은 믿음을 가진 사람입니다.

'주 예수와 및 모든 성도에 대한 네 사랑과 믿음이 있음을 들음이라'라는 이 문맥을, '주 예수께 대한 믿음과 및 모든 성도에 대한 네 사랑이 있음을 들음이라'라고 고쳐 이해할 수 있습니다.

3절에 이어서 여기서도 '주(퀴리오스) 예수'가 나옵니다. 예수님은 바울과 디모데의 '주'요, 빌레몬의 '주'요, 우리 모두의 '주'가 되십니다. 그 '주'되시는 예수님이 우리 믿음의 대상입니다. 그 예수를 바울이 믿었고, 빌레몬이 믿었고 지금 우리가 믿고 있습니다.

'믿음'(피스티스)이란 말은, '신뢰, 확신, 믿음'을 의미합니다. 여기에서 믿음은 '주 예수'에 대한 믿음입니다. 빌레몬은 예수에 대한 믿음이 확

고한 사람입니다. 그런 빌레몬의 믿음은 다른 사람보다 남달랐고 소문이 났는데, 그 소문을 바울이 들을 정도였습니다.

믿음은 누구나 가질 수 있지만, 그 사람이 가지고 있는 믿음을 인정받기는 쉽지 않습니다. 예수님의 제자들도 얼마나 '믿음 없음'을 지적받았습니까?(막4:40)

믿음은 우리가 가지는 신앙의 가장 기본적인 요소요 기초입니다. 믿음이 없이는 사랑도, 소망도 없습니다. 또 믿음이 없이는 아무것도 할 수 없습니다. 우리가 가져야 할 것은 바로 믿음입니다. 우리도 바울의 믿음, 디모데의 믿음, 빌레몬의 믿음을 가져야 합니다.

> 에베소서 1:15 '이로 말미암아 주 예수 안에서 너희 믿음과 모든 성도를 향한 사랑을 나도 듣고'

> 골로새서 1:4 '이는 그리스도 예수 안에 너희의 믿음과 모든 성도에 대한 사랑을 들었음이요'

▍사랑을 가진 사람입니다.

빌레몬은 사랑을 가진 사람입니다. 그 사랑은 '모든 성도에 대한' 사랑입니다.

우리 믿음의 대상이 '하나님'이라면, 사랑의 대상은 '우리의 이웃, 즉 모든 성도들'입니다. 물론 하나님도 사랑의 대상입니다. 우리가 하나님을 믿는다면 당연히 믿는 하나님을 사랑해야 합니다. 아마도 바울은 빌레몬의 사랑을 '주 예수와 및 모든 성도에 대한 네 사랑과 믿음'으로 표현한 것을 보면, 빌레몬이 가진 사랑은 '예수'와 '모든 성도들'을 향한 사랑임을 보게 됩니다. 즉 '하나님 사랑', '이웃 사랑'을 말합니다. 여기서 말하는 '사랑'은 '아가페' 사랑을 말합니다. 그 뜻은 '사랑, 애정, 호의, 자비심'을 의미합니다. 그리고 '아가페' 사랑하면 주로 하나님과 그리스도의 사랑을 말할 때 사용되고 있습니다.

빌레몬의 사랑의 특징은 차별이 없는 '모든 성도들'에 대한 사랑이라는 점입니다. 모든 사람을 사랑한다는 것은 쉬운 일이 아닙니다. 하지만 빌레몬은 모든 성도를 사랑했습니다. 얼마나 귀한 사랑입니까?

사랑이 우선입니다

중요한 것은 사랑이 없으면 믿음도 없다는 사실입니다. 예수님이 말씀하신 요한복음 5장 30-47절 말씀을 보면, 예수님을 믿게 하는 네 가지 증언이 있습니다.

첫째, 세례 요한이 예수를 증언하고 있습니다.

둘째, 예수가 하시는 사역이 자신을 증거하고 있습니다.

셋째, 예수를 보내신 아버지이신 하나님이 친히 예수를 증거하고 있습니다.

넷째, 성경이 예수를 증거하고 있습니다.

그럼에도 불구하고 그 당시 사람들이 '영생을 얻기 위하여 내게 오기를 원하지 아니하는도다'라고 하시면서 그 다음 중요한 말씀을 하시는데, '다만 하나님을 사랑하는 것이 너희 속에 없음을 알았노라'(요

5:42)라고 하십니다. 그러면서 '모세를 믿었더라면 또 나를 믿었으리니 이는 그가 내게 대하여 기록하였음이라 그러나 그의 글도 믿지 아니하거든 어찌 내 말을 믿겠느냐?'고 하십니다. 이런 말씀을 하시는 예수님의 심정은 너무 안타까울 것입니다. 그 당시 사두개인들을 비롯한 바리새인들과 서기관들이 열심히 성경을 연구하고 모세오경을 암송하면서 지키지만, 정작 성경이 예수를 증언하고 있다는 사실에 대해서는 까마득히 모르고 있었습니다.

이보다 더 중요한 것은 그들의 마음속에 하나님을 사랑하는 마음이 없었다는 사실입니다. 하나님을 사랑하는 마음이 없으니 하나님을 믿는 마음조차 없었습니다. 그러니 성경에는 관심이 있는지는 모르지만, 하나님이 보내신 메시아인 예수님에 대해서는 전혀 관심이 없었습니다. 이런 것을 볼 때 어쩌면 사랑이 우선인지 모릅니다. 사랑하지 않으니 믿지 못합니다. 사랑하는 마음이 있으면 믿는 마음도 생길 것입니다.

사도 요한도 이런 말을 했습니다. '누구든지 하나님을 사랑하노라 하고 그 형제를 미워하면 이는 거짓말하는 자니 보는바 그 형제를 사랑하지 아니하는 자는 보지 못하는바 하나님을 사랑할 수 없느니라'라고 (요일4:20).

여기서도 보듯이 믿음의 문제라기보다는 사랑의 문제입니다. 형제를 사랑하는 자는 자연히 하나님도 사랑할 수 있습니다. 그런데 눈에 보이는 형제를 사랑하지 않는데 어떻게 눈에 보이지 않는 하나님을 사랑할 수 있겠느냐는 말입니다. 하나님을 믿는 자는 하나님을 사랑할 뿐만 아니라 형제도 사랑해야 합니다. 사랑하는 자가 믿음을 가진 자입니다.

빌레몬은 바로 이런 신앙을 가진 자였습니다. 주 예수만 믿은 것이 아니라 모든 성도들을 믿었고, 주 예수만 사랑한 것이 아니라 모든 성도들을 사랑했습니다. 빌레몬은 그런 신앙의 소유자였습니다. 그렇다면 빌레몬만 예수와 및 모든 성도들에 대한 믿음과 사랑이 있었을까요? 그건 아닙니다. 대부분의 성도들이 그렇습니다. 에베소교회 성도들도 그러했고(엡1:15), 골로새교회 성도들도 그러했습니다(골1:4). 특히 골로새교회에는 빌레몬이 있었기에 더욱 그러했을 것입니다. 주 예수에 대한 믿음과 모든 성도들에 대한 사랑은, 믿는 자라면 누구나 지녀야 할 신앙의 모습입니다.

▎믿음의 교제를 가진 사람입니다.

> 6절 '이로써 네 믿음의 교제가 우리 가운데 있는 선을 알게 하고 그리스도께 이르도록 역사하느니라'

빌레몬의 신앙에서 눈에 띄는 대목은 '네 사랑과 믿음'이 있다는 대목도 중요하지만 '네 믿음의 교제'라는 말이 눈에 띕니다. '믿음의 교제'에서 '교제'(코이노니아)라는 말은 '참여하다, 나누어주다, 친교하다'는 의미이며, 나아가 '자선이나 기부금을 나누는 것'을 의미하기도 합니다. 즉 빌레몬은 그의 마음에 사랑과 믿음을 가지고 있을 뿐만 아니라, 그가 가진 사랑과 믿음을 다른 사람들과 함께 나누는 사람입니다. 이것을 '믿음의 교제' 또는 '사랑의 교제'라고 할 수 있습니다. 이런 것을 보면 빌레몬은 상당히 친화력을 가졌을 뿐만 아니라 대인관계에서도 좋은 사람임을 알 수 있습니다. 이것이 믿음이 좋은 사람들에게서 볼 수 있는 특징이 아닐까요?

믿음의 교제의 결과

이런 빌레몬의 '믿음의 교제'가 실제로 어떤 효과를 가져 왔습니까? '우리 가운데 있는 선을 알게 하고 그리스도께 이르도록 역사'하고 있다고 말하고 있습니다. 이 말은 좀 이해하기가 어려울지 모르겠습니다. 어떤 '선'을 알게 하는지...

우선 '우리 가운데 있는 선'을 생각할 때, 바울과 빌레몬의 사이에서 나타난 하나님의 선하심을 의미한다고 볼 수 있습니다. '우리 가운데 있는 선'을 조금 더 확대해서 생각해 보면, 빌레몬과 믿음의 교제를 가지는 모든 사람들인 특히 골로새교회 성도들이 빌레몬을 통하여 하나님의 영적인 축복이 무엇인지 충분히 알게 되었다는 의미로 이해할 수 있습니다. 이것을 보면 분명 빌레몬은 '축복의 통로'인 셈입니다(창 12:2-3).

그리고 그것으로 끝나는 것이 아니라 '그리스도께 이르도록 역사'했다는 사실입니다.

즉 빌레몬은 그리스도 안에서 자기가 받은 은혜와 축복들을 충분히 이해하게 되었을 때, 믿음의 교제를 더욱 활발하게 펼쳐 나갈 수 있었으며, 그런 믿음의 삶이 더욱 성숙해짐으로 다른 성도들로 하여금 그리스도께 이르는 결과를 가져왔다고 할 수 있습니다.

믿음의 교제는,

첫째, 하나님과의 교제가 있어야 합니다.

둘째, 성도와의 교제가 있어야 합니다.

셋째, 나아가 이웃과 교제도 해야 합니다.

교제는 '사귐'을 뜻합니다. '사귐'은 '만남'을 뜻합니다. 그러니 우리가 어떤 사람을 만나고 어떤 사람과 사귀느냐가 중요합니다. 또 '만남'은 '대화'를 내포합니다. 어떤 사람과 어떤 대화를 하느냐가 중요합니다. 그러면서 상대방의 뜻을 알고, 마음을 알고, 필요를 알아서 서로 채워 주는 것이 진정한 교제입니다.

▎평안함을 주는 사람입니다.

> 7절 '형제여 성도들의 마음이 너로 말미암아 평안함을 얻었으니 내가 너의 사랑으로 많은 기쁨과 위로를 받았노라'

빌레몬은 모든 사람에게 평안함을 주는 사람입니다. 바울은 빌레몬을 '형제여'(아델포스)라고 부릅니다. 디모데를 '형제'라고 부른 것과 (1절) 같은 의미입니다. 사실 바울은 빌레몬보다 나이가 많은 사람이지만(9절), 빌레몬을 '형제'로 부르는 것은 역시 믿음의 관계에서, 그것도 수평적인 관계에서 '형제'라고 부르며 대우해 주고 있습니다.

그러면서 '성도들의 마음이 너로 말미암아 평안함을 얻었다'고 합니다. 어쩌면 이것은 '믿음의 교제'로 주어지는 또 다른 결과라고 볼 수 있습니다.

즉 빌레몬이 보여준 믿음의 교제는,

첫째, 공동체 안에서 선이 무엇임을 알게 하고

둘째, 모든 성도들의 믿음이 그리스도께 이르도록 역사하며

셋째, 모든 사람들로 하여금 평안함을 얻게 하는 결과로 나타나게 됩니다.

빌레몬의 믿음의 교제가 이렇게 공동체에 엄청난 영향력을 발휘하고 있음을 보게 됩니다. '모든 성도에 대한 사랑'(5절)이 '믿음의 교제'(6절)를 이루게 하고, 그 결과 '성도들의 마음이 그로 말미암아 평안함을'(7절) 얻을 수 있었으니 얼마나 귀한 일입니까?

이런 빌레몬의 신앙의 영향력은 심지어 바울에게까지 미치고 있습니다. '내가 너의 사랑으로 많은 기쁨(카라)과 위로(파라클레시스)를 받았노라'고 토로하고 있습니다. 이것을 보면 분명 그는 많은 사람들에게 평안함을 주고, 기쁨을 주고, 위로를 주는 사람임을 알 수 있습니다.

어떻게 이것이 가능할까요? 그 해답은 역시 '너의 사랑으로'에서 찾을 수 있습니다. 빌레몬은 역시 '사랑'의 사람입니다. 성도를 사랑하니까 평안함을 주고 기쁨과 위로를 준 것입니다. 그렇다고 '저 사람에게는 평안함을 주어야지', '저 사람에게는 기쁨을 주어야지', '저 사람에게는 위로를 주어야지' 하고 의도적으로 그렇게 했을까요? 그건 아닙니다. 성도를 사랑하니까, 누구든 사랑하니까, 사랑하는 마음이 그 속

에 있으니까 그를 대하는 사람마다 평안함을 느끼고, 기쁨을 느끼고, 위로를 받는 것이 아닐까요? 만약 의도적으로 그랬다면, 그는 속 보이는 사람이요 위선자였을 것입니다.

이런 빌레몬은 빛이었고, 소금이었습니다. 하나님의 형상을 지닌 사람이었습니다. 화목게 하는 자였습니다.

▌ 칭찬받는 사람입니다.

본문에는 '칭찬'이라는 말은 없지만, 사도 바울이 빌레몬의 신앙에 대해 하나하나 이야기를 하는 것은, 분명 그를 칭찬하고 있다고 여겨집니다. 분명 빌레몬은 칭찬받을 만한 사람임은 틀림없습니다. 남을 칭찬한다는 것이 쉬운 일이 아니며 또한 칭찬받기도 쉬운 일이 아닌 줄 압니다만 그는 칭찬받기에 부족함이 없는 사람입니다.

오래전 일입니다만 '구세군 사관지'(일 년에 두 번 발간하는)에 '칭찬합시다'라는 코너가 생겼습니다. 첫 주인공으로 이승엽 사관(당시 전주영문 담임사관, 현재 은퇴사관)님의 내용이 실렸습니다. 당연히 칭찬받을 만한 분이라고 생각했습니다. 문제는 그다음 호에 부족한 제가 주인공으로 실린 것입니다(2005년 1호). 저는 깜짝 놀랐습니다. "아니, 어떻게 내가?" "나보다 더 훌륭한 사관님들이 많은데." 저로서는 생각지도 못한 일이라서 정말 송구스러운 마음뿐이었습니다. 문제는 그다음 사관지에는 '칭찬합시다' 코너가 빠진 것입니다. 그 이유를 저는 잘 알지 못하지만 설마 칭찬할 사람이 없어서가 아닐 것입니다. 제 생각에는 이승엽 사관님처럼 칭찬받을 만한 분이 나오면 모르겠는데, 저

같은 새파란 젊은 사람이 나오니까 아마도 '어떻게 저런 사관이 나오느냐?'고 항의를 했는지도 모르겠습니다. 지금도 생각하면 웃음이 나올 뿐입니다.

칭찬하기도 쉽지 않고, 칭찬 듣기도 쉽지 않다는 이야기를 하고 싶을 뿐입니다. 물론 우리는 사람인지라 칭찬을 들으면 기분이 좋은 것은 사실입니다. 고래도 칭찬하면 춤을 춘다고 하잖아요?

성경에도 보면 칭찬받는 사람들이 간혹 나옵니다. 아브람의 아내 '사래'나(창 12:15) 다윗의 아들 '압살롬'(삼하 14:25) 같은 경우에는 외모적인 면에서 칭찬을 받은 사람들입니다. 가이사랴의 백부장인 '고넬료'는 이방인이었지만 유대 온 족속들이 칭찬한 사람입니다(행 10:22). 초대교회 '일곱 집사'들도 다 칭찬받는 사람들이었습니다(행 6:3).

본서를 기록한 바울의 회심을 도왔던 '아나니아'나(행22:12) '디모데'나(행16:2) '디도'(고후8:18,23) 역시도 칭찬받는 사람이었습니다. '세례 요한'도 예수님이 칭찬하셨고(눅7:28), 가나안 여인도(마15:28), 가난한 과부도(눅21:3,4), 베다니의 한 여인도(막14:6,9) 다 예수님으로부터 칭찬을 들었습니다. 칭찬받은 사람들이 어디 이들 뿐이겠습니까?

세상적으로 보면 우리도 칭찬 들을 일은 참으로 많을 것입니다. 외모가 특출해서, 인품이 좋아서, 일을 잘해서, 재주가 많아서, 운동을 잘해서, 예능이 뛰어나서... 등등 얼마든지 칭찬을 받을 수 있습니다. 하지만 빌레몬처럼 신앙적인 면에서 칭찬을 받는다면 얼마나 좋겠습니까? 무가치한 칭찬보다는, 입에 발린 칭찬보다는, 자화자찬하기보다는, 정말 가치 있는 칭찬이면 얼마나 좋겠습니까?

성경적으로 칭찬을 받는 길은, 선을 행할 때(롬13:3), 믿음의 시련을 이겨낼 때(벧전1:7), 손의 열매가 있을 때(잠31:31), 그리스도를 잘 섬기는 자일 때(롬14:18), 옳다 인정함을 받는 자일 때(고후10:18) 칭찬을 받게 됩니다.

> 빌립보서 4:8 '끝으로 형제들과 무엇에든지 참되며 무엇에든지 경건하며 무엇에든지 옳으며 무엇에든지 정결하며 무엇에든지 사랑받을 만하며 무엇에든지 칭찬받을 만하며 무슨 덕이 있든지 무슨 기림이 있든지 이것들을 생각하라'

들은 신앙

끝으로 생각해 볼 것은, 이런 빌레몬의 신앙에 대해 바울은 '들었다'고 했습니다(5절).

'들음이니'(아쿠오)라는 말은 한 번 들었다는 이야기가 아니라 계속 들어왔다는 말입니다. 그렇다면 바울은 누구를 통해 빌레몬의 신앙에 대해 들었을까요?

두 가지 추측이 가능하다고 봅니다.

먼저는 '에바브라'를 통해 골로새교회 소식과 빌레몬에 대한 소문을 들었을 것입니다(골1:7). 에바브라가 골로새교회 사역자로 있었기 때문입니다. 따라서 그는 누구보다 빌레몬에 대해 잘 알고 있었을 것입니다. 그가 사역하고 있는 동안 빌레몬의 봉사와 헌신과 동역이 있었다는 것은 누구도 의심하지 않을 것입니다. 따라서 그는 빌레몬의 사랑과 믿음과 교제를 누구보다 잘 알고 있었기에 바울에게 그런 빌레몬에 관해 이야기를 하지 않을 수가 없었을 것입니다. 이 편지를 쓰고 있는 당시만 해도 그는 바울과 함께 감옥에 갇혀 있었기 때문에(23절), 바울은 그를 통해 빌레몬에 대한 소문을 충분히 들었을 가능성이 있습니다.

두 번째 추측은 바로 본 서신의 또 다른 주인공인 '오네시모'를 통해 들었을 가능성입니다. 오네시모에 대해서는 우리가 계속 살펴볼 내용입니다만, 오네시모는 빌레몬의 종이었습니다. 그런 그가 어떤 이유인지는 알 수 없지만 그의 주인으로부터 도망쳐 나왔고, 도망쳐 나온 그는 또 무슨 잘못을 저질렀는지는 알 수 없지만 로마 감옥에 갇히는 신세가 되었고, 그 감옥에서 바울을 만나 회심한 사람입니다. 그러니 주인이었던 빌레몬에 대해서도 오네시모는 너무 잘 알고 있었을 것입니다. 즉 주인이 어떤 사람이었다는 것을 말입니다. 자신이 주인으로 모시고 섬겼던 빌레몬의 모든 것, 즉 그의 신앙과 성품과 선행에 대해 누구보다도 더 잘 알고 있었을 것이고, 그래서 더 자세히 바울에게 이야기하였을 가능성이 커 보입니다.

일단 바울이 빌레몬에 대해 누구에게 들었든 중요한 것은, 빌레몬에 대한 악담이 아니라 칭찬의 말을 들었을 것이 분명합니다. 저는 이게 중요하다고 생각합니다. 우리는 어떤 특정인을 내 말에 의해 죽이기도 하고 살리기도 합니다. 낮추기도 하고 높이기도 합니다. 즉 어떤 사람에 대해, 내가 악담하게 되면 그 사람이 아무리 좋은 사람이라 할지라고 나쁜 사람으로 취급받을 수밖에 없고, 내가 칭찬하게 되면 그 사람이 나쁜 사람일지라도 좋은 사람으로 인정받게 될 것입니다. 이런 의미에서 칭찬하는 일이 얼마나 중요함을 보게 됩니다.

나를 가장 잘 아는 사람이 누구일까요?

어쩌다가 한 번 만난 사람이 나를 잘 알겠습니까? 아니면 일주일에 한 번 만나는 교회 교우들이 나를 잘 알겠습니까? 아니면 매일 집에서 함께 사는 가족들이 나를 잘 알겠습니까? 그것은 당연히 집에서 함께 사는 가족들일 것입니다. 또한, 매일 학교에서 함께 공부하는 급우들이나, 또 매일 직장에서 함께 근무하는 직원들이 나를 잘 알 수도 있을 것입니다. 그러나 학교생활과 직장생활과 교회생활은 또 다른 나의 모습일 수도 있습니다. 하지만 매일 부리는 종은 주인에 대해 너무나 잘 알고 있을 것입니다.

그렇다면, 저는 여기서 매우 궁금한 점이 있습니다. 그것은 빌레몬이 그렇게 신앙인으로서, 사회인으로서 칭찬받을 만한 훌륭한 사람이라면 왜 오네시모가 그런 주인을 떠나 도망쳐 나왔느냐는 것입니다.

다른 이야기 같지만 저는 이 대목에서 '매인 종'에 대한 이야기가 떠오릅니다. 출애굽기 21장 2-6절과 신명기 15장 12-18절에 보면 '매인 종'에 대한 내용이 나옵니다. 히브리인이 종이 되었을 경우 안식년 즉 칠 년째가 돌아오면 그 종은 자유인이 될 수 있습니다. 그런데 그 종이 상전을 사랑해서 자유인이 되기를 거절하고 주인과 그 집을 사랑하여 계속해서 주인을 섬기기를 원할 경우, 그 종의 귀를 뚫어 표식함으로써 평생토록 상전을 섬기게 하는 제도입니다. 그런 종을 '매인 종'이라고 합니다. 그런데 이런 경우가 얼마나 많이 있었는지는 알 수 없습니다. 종을 부리는 주인은 대개가 그렇고 그런 사람들이기 때문입니다. 정말 좋은 주인을 만나기는 쉽지 않을 것입니다.

만약 오네시모가 좋은 주인인 빌레몬의 집에서 일했다면 굳이 도망쳐 나올 이유는 없었을 것입니다. 아마 평생 그 집에서 일하며 살아도 될 것입니다. 그런데 그가 주인의 집에서 나온 것은 다른 이유가 있었을 것입니다. 즉 주인인 빌레몬이 나쁜 주인이기 때문이 아니라 오네시모의 개인적인 문제가 있었을 것이라고 봅니다.

어쨌든 빌레몬은 가정적으로나 교회적으로나 사회적으로 좋은 사람임은 틀림없습니다. 또한, 에바브라에게 있어서도 빌레몬은 좋은 성도요 동역자임은 틀림없습니다. 그리고 오네시모에게 빌레몬은 좋은 주인이었을 것이 틀림없습니다.

1. 나는 평소 누구를 위해, 무엇을 위해 기도하고 있습니까?

2. 빌레몬의 신앙을 보면서 나의 신앙의 모습은 어떠한지요?
   나는 믿음의 교제를 어떻게 나누고 있습니까?

3. 나는 공동체 안에서 어떤 사람으로 평가되고 있습니까?

제3장 **바울의 간구**(8-10절)

'이러므로 내가 그리스도 안에서 아주 담대하게 네게 마땅한 일로 명할 수도 있으나 도리어 사랑으로써 간구하노라 나이가 많은 나 바울은 지금 또 예수 그리스도를 위하여 갇힌 자 되어 갇힌 중에서 낳은 아들 오네시모를 위하여 네게 간구하노라'(8-10절)

바울과 오네시모의 만남

이제부터 본 서신의 본론이 시작됩니다. 8절에서부터 21절까지가 오네시모를 위한 바울의 간구와 중재와 호소를 빌레몬에게 하는 내용입니다. 이 부분이 빌레몬서를 쓰게 된 동기이자 목적입니다.

그럼 먼저 본 단락에서 바울의 간구에 관한 내용을 살펴보고자 합니다.

8절에서 10절까지를 보면 '이러므로 내가… 네게 간구하노라'라고 나옵니다. 여기서 우리는 '간구'하는 바울을 보게 됩니다. 여기서 '내가'는 사도 바울을 말하며, '네게'는 본 서신의 수신자인 빌레몬을 말합니다. 즉 사도 바울이 빌레몬에게 무언가를 간구하고 있습니다. 무엇을 간구하는 지는 차츰 살펴볼 내용이지만 중요한 것은 사도 바울이 빌레몬에게 간구하는 자세가 중요함을 이 장에서 다루고자 합니다. 즉 무엇을 간구하느냐에 앞서서 어떻게 간구하느냐가 중요하다는 말입니다. 본 단락에서 '간구하다'라는 말이 두 번 나옵니다. '사랑으로써 간구하노라'는 말과 '네게 간구하노라'는 말입니다.

우리는 보통 '간구하다'라고 할 때 주로 기도하는 것으로 이해하기 쉽습니다. 즉 기도하는 것을 간구하는 것으로 주로 알고 있습니다. 틀린 말은 아닙니다. 기도를 간구로 표현되고 있는 것은 사실입니다. '기도와 간구'(왕상8:28,45,49,54, 대하6:35,39, 단9:17, 엡6:18, 빌4:6) 그런데 여기서 새로운 사실을 발견하게 되는 것은, 우리가 앞에서 살펴본 대로 기도는 하나님께 하는 것이 맞지만, 여기서는 사람에게 간구하고 있다는 사실입니다. 간구의 대상은 사람일 수도 있다는 말입니다.

바울이 누구에게 간구하고 있습니까? 바로 빌레몬에게 간구하고 있습니다. 간구의 대상이 하나님이 아니라 사람입니다. 그렇다고 이것이 잘못되었느냐? 그건 아닙니다. 사람에게도 할 수 있다는 것을 보여주고 있을 뿐입니다.

'간구하다'(파라칼레오)는 말은 여러 가지 의미로 사용되고 있는데(초청하다, 권하다, 격려하다, 애원하다, 간구하다), 여기서는 '간청하다'라는 의미로 쓰이고 있습니다. 즉 '간구'가 하나님께 기도하는 형태라고 본다면, '간청'은 어떤 사람에게 무엇을 간절히 부탁하는 마음을 표현하고 있다고 봅니다. '간청하다'라는 말도 '파라칼레오'로 쓰기 때문입니다(행9:38). 그런데 누군가에게 간청하는 일을 보면, 주로 나이가 적거나 신분이 낮은 사람이 나이가 많고 신분이 높은 사람에게 간청하는 법인데, 여기서는 나이 많은 바울이 나이가 적은 빌레몬에게 간청을 하고 있습니다. 상급자가 하급자에게 무엇을 요구할 때 그 요구는 제안이라고 할 수 있는데, 여기에서 바울은 자신의 의중을 그대로 내놓기보다는 간구로 표현하고 있다는 것입니다. 즉 자기 제안을 무조건 따르라고 명령하기보다는 기도의 형식을 빌려서 간청한 것입니다.

그렇다면 바울의 간구는,

1. 결론적 간구

8-9절 '이러므로 내가... 네게 간구하노라'

바울의 간구가 시작되는 본 단락은 '이러므로'(디오)로 시작됩니다. '이러므로'라는 말은 결론적 어구입니다. 결론적 어구로는 '그러므로'가 가장 많이 사용되고 있는데 여기서는 '이러므로'가 사용되고 있습니다. 즉 바울은 4절에서 7절까지의 내용인, 지금까지 빌레몬을 위해 기도해 왔고, 또 그의 신앙을 높이 평가한 데 대한 결론으로 그에게 간구하고 있습니다. 다시 말하면 빌레몬의 신앙이 바울이 보기에 미흡했다면 오네시모에 관한 이야기를 꺼내지 않았을지도 모릅니다. 하지만 바울이 볼 때 그의 신앙이 성숙했기에, 그래서 오네시모를 받아 줄 수 있는 가능성이 있었기에, 그런 그의 신앙을 믿고 지금 간구하고 있는 것입니다.

우리도 어떤 일을 누구에게 맡기려고 할 때, 그 사람에 대해 나름대로 평가하여 어떤 결론이 내려졌을 때 임무를 맡길 것입니다. 그러나 만약 그 사람에 대한 평가가 미흡하다면 일을 맡길 수가 없을 것입니다. 바울이 내린 결론은 빌레몬이야말로 당연히 그럴 자격이 있다고 판단했음을 시사해 주고 있습니다.

2. 겸손한 간구

8절 '이러므로 내가 그리스도 안에서 아주 담대하게 네게 마땅한 일로 명할 수도 있으나'

바울은 빌레몬에게 얼마든지 '그리스도 안에서' '담대하게' '마땅히' '명령할 수도' 있었습니다. 즉 이 말은, 황실의 특사가 황제를 대변하여 말할 권리가 있듯이, 바울도 그리스도의 사도요 대사로서, 또 나이 많은 연장자로서 얼마든지 빌레몬에게 명령할 수 있으나, 그러나 그렇게 하지 않았습니다. 이것은 무엇을 말해 줍니까? 힘이 없어서? 능력이 없어서? 권한이 없어서가 아니라 바울의 겸손함을 보여 주고 있습니다. 디모데와 빌레몬을 '형제'로(1, 7절) 부르고 있는 바울 아닙니까? 그는 부탁이 있다고 갑자기 자기 권한을 내세우는 사람이 아닙니다. 바울은 끝까지 빌레몬을 사랑하고 같은 동역자로 여기며 형제로 대우해 주고 있습니다. 그러기에 자신의 나이나 직함이나 권위를 다 내려놓고 빌레몬에게 겸손하게 간구하고 있습니다.

> 고린도후서 8:8 '내가 명령으로 하는 말이 아니요 오직 다른 이들의 간절함을 가지고 너희의 사랑의 진실함을 증명하고자 함이로라'

3. 사랑의 간구.

9절 '도리어 사랑으로써 간구하노라.'

바울은 오직 '사랑'(아가페)으로 간구하고 있습니다. 명령하는 식의 방법을 취하지 않고 사랑의 방법을 취했습니다. '도리어'(말론)라는 말은 '오히려' '반대로'라는 의미입니다. 어떤 신분의 직위나 무엇을 할 수 있는 권한이 있음에도 불구하고 그 권위를 내려놓는 것을 겸손이라고 한다면, 겸손과 더불어 사랑으로써 간구한다고 말하고 있습니다. 즉 간구하는 근거가 바로 사랑 때문이라는 것입니다. 그러니까 바울의 간구는 협박이나 강요가 아닌 사랑의 마음에서 비롯되었다는 것을 보여주고 있습니다.

그렇다면 이 사랑은 어떤 사랑일까요? 누구를 위한 사랑일까요? 그것은 먼저는 하나님을 사랑하는 마음이요, 골로새교회를 사랑하는 마음이요, 빌레몬을 사랑하는 마음이요, 오네시모를 사랑하는 마음이 다 들어있는 사랑일 것입니다. 특히 바울이 빌레몬을 사랑하는 마음에서 비롯된 사랑일 수 있습니다. 더구나 빌레몬이 '모든 성도에 대한 사랑'(5절)을 가지고 있었기에 오네시모도 사랑할 것이라는 그 사랑의 마음에 호소하고 있다고도 볼 수 있습니다. 사랑이야말로 모든 문제의 특효약인 것 같습니다(고전13장). 사랑은 모든 사람들의 마음을 녹아내리게 하는 능력이 있습니다.

본 서신의 주제를 '용서와 사랑'으로 보는 것도, 바로 '사랑으로 간구'하는 바울의 마음에서 찾아볼 수 있다고 하겠습니다. 이런 바울의 마음이 빌레몬에게 전해져서 빌레몬 역시도 오네시모를 사랑의 마음으로 받아줄 수 있을 것입니다.

4. 부성(父性)의 간구

9-10절 '나이가 많은 나 바울은 지금 또 예수 그리스도를 위하여 갇힌 자 되어 갇힌 중에서 낳은 아들 오네시모를 위하여 네게 간구하노라.'

여기서 바울이 자신을 '나이가 많은'(프레스뷔테스) 사람으로 언급한 것은, 아마도 빌레몬보다 나이가 많을 수도 있고, 아니면 오네시모보다 나이가 많다는 의미일 수도 있습니다. 지금 바울의 나이나 빌레몬의 나이는 정확하게 알 수 없지만, 빌레몬은 '아킵보'라는 아들(2절)을 두고 있기에, 그 당시 아킵보도 어느 정도 성장해서 교회 직분까지 맡아 일할 정도의 나이로 생각해 볼 때, 빌레몬의 나이가 결코 적은 나이는 아니라고 봅니다.

문맥적으로 볼 때, '갇힌 자 중에서 낳은 아들 오네시모를' 생각하고, 그 오네시모와 나이를 비교해 볼 때 바울이 아버지뻘 되는 나이였기에 '나이가 많은 나 바울'이라고 했을지도 모릅니다. 어쨌든 빌레몬보다, 오네시모보다 바울이 나이가 많은 것은 사실 같습니다. 그런 바울이 '지금 또 예수 그리스도를 위하여 갇힌 자 되어 갇힌 중에서 낳은 아들 오네시모를 위하여' 간구하고 있습니다.

바울이 '갇힌 자'가 되었다는 것은 1절에서 살펴보았습니다. 여기서도 '예수 그리스도를 위하여 갇힌 자' 되었다고 말하고 있습니다. 그런데 '지금 또'라는 말이, '갇힌' 것에 대한 말인지 아니면 '갇힌 중에 낳았다'라는 말과 연결되는지 알 수 없지만, 아마도 이 서신을 쓴 시기를 사도 바울이 1차로 로마에 가택연금 상태로 수감되었을 때(A. D. 62년경)로 알고 있기 때문에, '지금 또 수감'되었다고 보기는 어려울 것 같습니다. 그렇다면 수감된 상태에서 많은 사람들을 전도했는데 그중에 '또' 한 사람이 바로 '오네시모'였을 것입니다. 그래서 오네시모를 가리켜 '갇힌 중에서 낳은 아들'이라고 부르고 있습니다. 그렇다면 사도 바울은 비록 감옥 안에서이지만 '지금 또' 한 사람을 전도했고, 회심시켰으며, 그 사람을 아들로 삼았는데 그가 바로 '오네시모'입니다. 바울의 사역은 이렇게 감옥 안에서도 계속되고 있습니다.

그러기에 바울은, 나이로 보면 아버지뻘 되는 '나이 많은' 사람으로, 또 신앙적으로 보면 자신이 전도해서 '복음으로 낳은' 아들 오네시모를 위해, '아버지의 심정'(父性)으로 빌레몬에게 간구하고 있습니다. 자식을 위해서라면 부모가 무엇인들 못 하겠습니까?

우리도 누군가를 통해 전도되었고, 나를 전도한 그 사람의 영적 자녀가 되었습니다. 그런 우리가 또 다른 사람을 전도하면, 그 사람이 우리의 영적 자녀가 되는 것입니다. 이런 영적 출산은 계속되어야 합니다. '지금 또'의 역사는 계속되어야 합니다.

> 야고보서 1:18 '그가 그 피조물 중에 우리로 한 첫 열매가 되게 하시려고 자기의 뜻을 따라 진리의 말씀으로 우리를 낳으셨느니라'

이 단락에서 우리는 일의 원리를 배울 수 있습니다.
첫째, '그리스도 안에서' 해야 합니다.
둘째, '사랑으로' 해야 합니다.
셋째, '명령'이 아니라 '간청'해야 합니다.
넷째, '나이'를 따지지 말아야 합니다.
다섯째, '부모'의 심정으로 해야 합니다.

마지막으로 사도 바울은 빌레몬에게 누구를 위해 간구하고 있습니까? 그것은 '오네시모'를 위해 간구하고 있습니다. '갇힌 중에서 낳은 아들 오네시모를 위하여 네게 간구하노라'. 그러나 본문에는 사도 바울이 빌레몬에게 오네시모를 위해 간구하되 무엇을 간구하는가에 대해서는 구체적인 언급이 없습니다. 이 부분은 제4장과 제5장에서 다루고자 합니다.

1. 빌레몬에게 간구하는 바울을 보면서 우리는 무엇을 배울 수 있습니까?

2. 나에게 있어서 갇힌 자 중에 낳은 아들은 누구입니까? 혹 영적 자녀는 누구입니까?

3. 나는 어떤 원리를 따라 일(간청)을 합니까?

제4장 오네시모의 변화(10-18절)

'갇힌 중에서 낳은 아들 오네시모를 위하여 네게 간구하노라 그가 전에는 네게 무익하였으나 이제는 나와 네게 유익하므로 네게 그를 돌려보내노니 그는 내 심복이라 그를 내게 머물러 있게 하여 내 복음을 위하여 갇힌 중에서 네 대신 나를 섬기게 하고자 하나 다만 네 승낙이 없이는 내가 아무것도 하기를 원하지 아니하노니 이는 너의 선한 일이 억지같이 되지 아니하고 자의로 되게 하려 함이라 아마 그가 잠시 떠나게 된 것은 너로 하여금 그를 영원히 두게 함이리니 이후로는 종과 같이 대하지 아니하고 종 이상으로 곧 사랑받는 형제로 둘 자라 내게 특별히 그러하거든 하물며 육신과 주 안에서 상관된 네게랴 그러므로 네가 나를 동역자로 알진대 그를 영접하기를 내게 하듯 하고 그가 만일 네게 불의를 하였거나 네게 빚진 것이 있으면.'(10~18절)

바울에게 복음을 듣는 오네시모

빌레몬서를 열면 다섯 번째 만나는 사람이 '오네시모'입니다.

그는 이제 우리가 집중해야 할 사람인데, 이에 관한 내용은 10~18절까지 길게 이어집니다. 문맥적으로 본다면 본 서신의 본론격인 8절에서 21절의 내용(바울이 빌레몬에게 부탁하는 내용)에서 그 한 가운데를 차지하는 내용이(10~18절) 오네시모 이야기입니다. 그러니까 '키아즘' 구조로 볼 때 오네시모의 이야기는 본 서신에서 핵심을 이루고 있는 셈입니다. 본문에서 사도 바울은 이 오네시모를 '그가' '그를' '그는'으로 표현하고 있습니다.

참고로 성경에서 오네시모에 관한 이야기는 본서인 '빌레몬서'와 '골로새서'에만(골4:9) 나옵니다. 이것은 오네시모가 빌레몬과 그리고 골로새교회와 연관이 있음을 짐작할 수 있습니다.

그렇다면 그는 어떤 사람일까요? 이 부분에서 고민스러웠던 점은, 본문에서는 오네시모가 어떻게 했다는 직접적인 표현은 없습니다. 다만 바울의 말을 통해 오네시모가 어떤 사람인지, 어떤 사람으로 변화되었는지에 대해 알 수 있을 뿐입니다. 무슨 말인고 하니 '빌레몬의 신앙'은 사도 바울이 누군가를 통해 듣고 기록한 것입니다. 이 장에서 다룰 핵심적인 내용인 '오네시모의 변화'는 바울이 감옥에서 오네시모가 어떤 사람으로 변화되었는지를 직접 보고 기록했다는 점입니다. 즉 빌레몬과 오네시모의 차이점은, 빌레몬의 신앙은 '들은 신앙'이라면, 오네시모의 신앙은 직접 '본 신앙'입니다. 누가? 바울이. 어디서? 감옥에서 말입니다. 즉 바울은 감옥에서 오네시모와 함께 있으면서 그가 어떤 사람으로 변화되었는지를 정확하게 보았고, 그 달라진 모습의 그를 빌레몬에게 소개하는 내용입니다. 물론 본문에는 '변화'라는 말은 없습니다. 하지만 바울의 말을 통해 그가 어떤 사람으로 '변화'되었는지는 충분히 가늠할 수 있을 것입니다. 그래서 바울의 말을 통해 변화된 오네시모를 소개하고자 합니다.

오네시모의 이야기는 어쩌면 우리의 이야기일 수도 있습니다.

1. 빌레몬의 종 오네시모

'오네시모'(오네시모스, Onesimus)는 빌레몬의 '종'이었습니다. 한마디로 노예였습니다. 그가 노예였다는 사실이 본서를 통해서는 정확히 알 수 없지만, 16절에 보면 '이후로는 종(둘로스)과 같이' 대하지 말 것과 '종 이상으로' 대해 줄 것을 부탁하는 말을 통해 오네시모는 빌레몬의 '종'이었음을 알 수 있습니다. 그 당시 종은 어떤 사람이었을까요?

노예 제도

노예는 빚을 갚지 못하면 생길 수 있고, 인신매매 등의 방법으로 노예가 되는 일도 있지만, 대부분은 전쟁으로 인해 노예 제도가 양산되었다고 봅니다. 즉 고대로부터 전쟁에서 패한 부족이나 백성들은 승전국의 포로가 되면서 노예로 전락하게 되었습니다.

사도 바울 당시(A.D. 1세기) 전성기를 구가하던 로마는 거대한 제국의 영토를 확장해 가는 동안 수없이 많은 전쟁을 치렀고, 그때마다 세계 곳곳에서 잡아 온 포로를 노예로 삼았기 때문에 실로 로마 제국의 노예 제도는 거창했습니다. 전쟁에서 잡혀온 포로는 대부분 노예 시장을 통해 로마 시민의 집으로 팔려 갔는데, 노예의 몸값은 상태에 따라 흥정하기 나름이었습니다. 대략 건장한 장정은 당시 120드라크마(1드라크마는 노동자의 하루 품삯) 정도였습니다. 그리고 당시 어느 로마 원로원의 집에는 4,000명이 넘는 노예를 거느리고 있었다고 합니다. 그뿐만 아니라 바울 당시 로마 제국 내에서는 로마 시민의 4배에 달할 정도로 노예의 수가 엄청나게 많았습니다.

한편, 당시 로마의 노예 법은 가혹했습니다. 노예에 대한 주인의 권한 행사는 무제한이었고, 따라서 노예를 죽이고 살리고, 주고 빼앗는 권리(生殺與奪權)는 주인의 손에 달려 있었습니다. 노예는 한 사람의 인격으로 취급받지 못했기에 그들의 가정사조차 모두 주인의 뜻에 따라야만 했습니다. 즉 주인이 지정해 주는 노예와 결혼해야 했고, 또 주인의 필요에 따라 이혼도 해야 했습니다. 노예의 자녀는 태어나면서부터 주인의 소유였습니다. 그러므로 주인의 명령에 대한 불복은 생각조차 할 수 없었습니다. 그것은 곧 죽음을 의미했으며, 실제로 하찮은 일 때문에 채찍질 당하고 죽임을 당했으며 맹수의 밥이 되기도 했습니다.

그나마 노예 가운데 헬라인 계통의 노예는 주인의 자녀를 교육하고 가정사를 돌보는 등 비교적 고급스러운 일을 담당하기도 했습니다. 반면 여타 야만족으로 분류된 노예들은 농장일이나 노역 등, 고된 일에 투입되기도 했습니다. 결국 거대한 로마 제국을 밑에서 떠받들고 있었던 것은 노예들이었으며, 로마 시민들은 사치와 향락과 논쟁과 신화에만 빠져 있었습니다. 그 결과 로마 제국은 갈수록 부패해져서 로마 제국 내에서는 노예들로 인한 반역, 불륜, 강간, 살인 등의 사건들이 빈번하게 일어났습니다. 어쨌든 로마 제국은 노예들로 인해 패망했다고 할 정도로 노예 문제는 로마 제국의 특징을 이루었다고 볼 수 있습니다. 그러나 한 번 노예는 영원한 노예이기도 했지만 어떤 주인을 만나느냐에 따라 자유인으로 석방되기도 했고, 또한 돈을 들여 해방될 수도 있었습니다.

이 책의 주인공인 오네시모는 어떤 사유로 빌레몬의 종이 되었는지 그 과정을 우리는 알 수 없으며, 또한 그가 어떤 사유로 빌레몬의 집에서 나오게 되었는지도 자세히는 알 수 없습니다.

2. 바울을 만난 오네시모

빌레몬의 종이었던 오네시모가 어떻게 로마까지 왔는지 알 수 없지만, 10절에 의하면 '갇힌 중에서 낳은 아들'이라고 한 것을 보면, 아마도 바울이 수감되어 있는 감옥에서 오네시모를 만난 것이 확실해 보입니다. 그렇다면 오네시모가 어떻게 바울이 수감되어 있는 감옥까지 오게 되었을까요?

추측을 해보면, 오네시모가 빌레몬의 종으로 있으면서 그 집을 도망쳐 나오려고 계획을 세웠을 것입니다. 왜 나오려고 했는지는 알 수 없습니다. 그 집을 나오면 어디로 가야 할지도 계획했을 것입니다. 그곳이 아마 로마였는지 모릅니다. 로마에서 자유인으로 살고 싶었을지도 모릅니다. 당시 빌레몬이 사는 골로새에서 로마까지는 상당히 먼 거리였고, 그래서 그만큼 돈이 필요했을 것이고, 그래서 돈을 훔쳤을 것입니다.

로마까지 오게 된 오네시모는 자기 뜻대로 되지 않았습니다. 어느 정도 시간이 지났는지 알 수 없지만, 그는 감옥에 갇히고 맙니다. 그가 감옥에 오게 된 경위는 정확히 알 수 없지만, 노예였던 오네시모를 아는 사람에 의해 고발당해 체포되었을 가능성과, 아니면 로마에서 또 다른 범죄를 저질렀다가 체포되었을 가능성을 생각할 수 있습니다. 오네시모가 로마까지 오게 되고 감옥까지 오게 된 또 다른 추측은, 오네시모가 빌레몬의 집에서 도망쳐 나온 것이 아니라 빌레몬이 바울이 로마 감옥에 갇혀 있다는 소식을 듣고 오네시모를 로마로 보내 바울을 만나게 했을 가능성입니다. 그러나 이런 가능성은 빌레몬서의 분위기로 보아서는 아닐 것이라는 생각입니다. 만약 이 견해를 따른다면 굳이 바울이 이 서신을 쓸 필요가 없었을 것입니다.

어쨌든 빌레몬의 종이었던 오네시모가 로마까지 와서 결국 감옥에 오게 되었습니다.

그러니까 바울이 감옥에 들어온 동기와 오네시모가 들어온 동기는 분명 다를 것입니다. 바울은 '그리스도를 위하여 갇힌 자' 되었지만, 오네시모는 어쩌면 죄수의 몸으로 '갇힌 자'가 되었을 것입니다.

그런데 하나님의 섭리였는지, 오네시모는 그곳에서 사도 바울을 만나게 됩니다. 바울을 만난 오네시모는 바울을 통해 복음을 듣게 되었고, 복음을 들은 그는 그 자리에서 회심했을 것입니다. 오네시모 역시도 디모데처럼 부활하신 주님을 직접 만나지는 못했지만, 부활하신 주님을 만난 바울을 만났다는 것이 큰 의미가 있습니다.

3. 변화된 오네시모

바울을 만나 회심한 오네시모는 어떤 사람으로 변화되었을까요? 본서에 의하면 그는 많은 부분에서 변화된 모습을 보게 됩니다. 이 모든 변화는 예수 그리스도 안에서, 성령 안에서, 복음 안에서 일어난 변화들임이 틀림없습니다.

▎바울의 영적 아들로 변화

사도 바울은 빌레몬에게 편지를 쓰면서 오네시모에 대한 첫 소개가 '갇힌 중에서 낳은 아들 오네시모'(10절)로 소개하고 있습니다.

여기서 말하는 '아들'(테크논)이라는 말은, 꼭 성별이 남자인 아들을 가리키는 말이 아니라 '아이' 또는 '자식'을 가리키는 말입니다. 따라서 이 말은, 전도를 통해 영적으로 거듭난 오네시모를 바울은 자기가 낳은 아들로 소개하고 있습니다. 이것은 오네시모의 사회적 신분의 변화라기보다는 영적인 신분의 변화, 즉 하나님의 자녀가 되었다는 것을 말해 주고 있고, 그 산파 역할을 바울이 했습니다.

사실 오네시모가 노예였기에 그의 가족 관계는 전혀 알 수 없습니다. 그러나 오네시모의 입장에서는 육신의 아버지는 아니지만 영적인 아버지가 생긴 셈이며, 바울의 입장에서는 디모데에 이어 또 하나의 영적 아들이 생긴 셈입니다. 하나님 나라 입장에서 보면 얼마나 아름다운 모습입니까? 우리도 이렇게 예수 그리스도 안에서 영적인 가족관계를 이루어가고 있습니다.

하나님의 자녀가 되고 싶지는 않으신지요?

요한복음 1:12 '영접하는 자 곧 그 이름을 믿는 자들에게는 하나님의 자녀(테크논)가 되는 권세를 주셨으니'

사도 바울은 '디모데'를 영적 아들로 삼았습니다(딤전1:2, 딤후1:2, 2:1). 사도 바울은 '오네시모'를 영적 아들로 삼았습니다(몬1:10).

사도 베드로는 '마가'를 영적 아들로 삼았습니다(벧전5:13). 마리아는 '사도 요한'을 아들로 삼았습니다(요19:26,27). 하나님은 '솔로몬'을 자기 아들로 삼았습니다(대상28:6).

하나님은 '이기는 자'를 자기 아들로 삼는다고 하셨습니다(계21:7).

무익한 자가 유익한 자로 변화

오네시모의 가장 큰 변화는 11절에서 말하고 있듯이 '그가 전에는 네게 무익하였으나 이제는 나와 네게 유익하므로'라는 말에서 찾아볼 수 있습니다. 즉 '무익한 사람'에서 '유익한 사람'으로 변화되었습니다. 얼마나 신선하고 은혜스럽고 도전을 주는 말입니까? 그래서 저는 이 구절에서 은혜를 받아 '무익한 종이 유익한 형제로'라고 책 제목을 붙였습니다. '무익한'(아크레스토스) 자가 '유익한'(유크레스토스) 자가 되었다는 것이 얼마나 큰 변화입니까?

사실 바울의 말대로 오네시모는 '그가 전에는 네게 무익한' 자였습니다. 즉 오네시모는 빌레몬에게 있어서 말 그대로 아무 소용이 없는, 쓸모없는, 무용한 자였습니다. 아마도 이 말은 그가 종으로 있을 때의 이야기라기보다는 빌레몬에게 손해를 끼치고 집을 나왔을 때의 이야기일 것입니다. 이런 그의 모습은 예수 믿기 전의 모습일 것입니다. 그런 그가 '이제는 나와 네게 유익한' 자가 되었다는 것입니다. 바울은 물론이고 빌레몬에게도 유익한 사람이 되었습니다. 모든 사람에게 유익을 주는 사람이 되었습니다. 이게 예수 믿은 후의 오네시모의 모습입니다. 원래 '오네시모'(오네시모스)의 이름의 뜻은 '유익한', '유용한'이란 뜻입니다. (참고로 '오네시보로'의 이름의 뜻은 '유익한 자'임. 딤후1:16) 그러나 아이러니하게도 오네시모는 그 이름대로 살지 못하였다가 이제야 자기 이름값을 하고 있습니다.

무익한 사람을 유익한 사람으로, 무가치했던 사람을 가치 있는 사람으로, 있으나 마나 한 사람을 꼭 필요한 사람으로 만드는 것이, 복음의 힘이요, 성령의 힘이요, 말씀의 힘이요, 믿음의 힘인 줄 믿습니다. 쓸모없는 나무가 공예가의 손에 의해 작품으로 새로 태어나듯, 아무리 악한 자라도 주 예수 그리스도의 손에 붙잡힌바 된다면 분명히 새 사람, 새로운 피조물로 거듭나게 될 것입니다.

고린도후서 5:17 '그런즉 누구든지 그리스도 안에 있으면 새로운 피조물이라 이전 것은 지나갔으니 보라 새것이 되었도다'

우리도 유익한 자가 되어야 합니다. 유익한 자는 남에게 유익을 끼치는 사람입니다. 바로 사도 바울이 그런 사람이었습니다. 그는 자신의 유익보다 다른 사람의 유익을 구하는 모범을 보여 준 사람입니다. 그러기에 바울은 고린도교회에 보내는 편지로 '나와 같이… 유익을 구하라'고 권면하고 있음을 보게 됩니다.

고린도전서 10:33 '나와 같이 모든 일에 모든 사람을 기쁘게 하여 자신의 유익을 구하지 아니하고 많은 사람의 유익을 구하여 그들로 구원을 받게 하라'

유익한 자가 무익한 자로

그런데 성경에 보면 유익한 자가 도리어 무익한 자로 전락하는 경우도 있습니다.

사울 왕이 그런 사람입니다.

사울은 베냐민 지파의 기스의 아들로, 이스라엘 자손 중에 사울만한 준수한 자가 없을 만큼 키도 큰 준수한 청년이었습니다(삼상9:1-2).

사울의 아버지 기스 역시 유력한 사람이었기에 사울 또한 유력한 사람임이 틀림없었습니다. 그런 사울이었기에 하나님은 사무엘을 통해 기름을 부어 이스라엘의 왕으로 선택하였습니다(삼상10:1). 기름 부음을 받은 사울은 하나님의 영이 충만함으로 새사람이 되었고 예언도 하였습니다(삼상10:6-10). 그런 사울은 이스라엘의 왕정 시대를 연 초대 왕이 되었습니다. 그가 왕이 되고 아말렉과의 전투에서 '진멸'하라는 하나님의 명령을 무시하고 아말렉 왕 아각을 사로잡아 오는 등 양과 소도 좋은 것은 남기고 하찮은 것들만 진멸하는 불순종을 저지르고 맙니다. 하나님은 그런 사울을 왕으로 세운 것을 후회하시면서 사무엘을 통해 하신 말씀이 '왕이 여호와의 말씀을 버렸으므로 여호와께서도 왕을 버려 왕이 되지 못하게 하셨다'고 합니다(삼상15장). 그 뒤 여호와의 영은 사울에게서 떠나고 대신 악령이 그를 괴롭혔으며, 블레셋 장수 골리앗을 죽인 다윗을 자신의 사위로 삼았지만, 다윗을 시기하여 죽이려고 했지만 뜻을 이루지는 못합니다. 결국, 그는 세 아들과 함께 블레셋과의 전투에서 죽게 되는데, 부상을 당한 그는 자기 스스로 자결함으로써 비참한 최후를 맞이하고 맙니다. 유력했던 사울은 '버림받은 왕'이라는 오명을 남긴 채 세상을 마감해야만 했습니다.

압살롬이 그런 사람입니다.

다윗의 아들 압살롬은 인간적으로 보면 거의 완벽한 사람에 가까웠습니다. 성경은 압살롬에 대해 최고의 찬사를 보내고 있습니다. '온 이스라엘 가운데에서 압살롬같이 아름다움으로 크게 칭찬받는 자가 없었으니 그는 발바닥부터 정수리까지 흠이 없는 사람'으로 평가하고 있습니다(삼하14:25). 그 당시 세상에서 최고의 멋진 남자가 압살롬이었습니다. 그의 자랑은 남자이지만 자기 머리털에 있었습니다. 그런 그가 권력에 눈이 어두워 아버지 다윗을 배신하고 자기가 왕이 되기 위한 준비와 거사를 꾸밉니다. '이스라엘 사람들의 마음을 훔치면서까지'(삼하15:6) 말입니다. 그는 '사람들의 마음을 훔치는 자'가 되고 맙니다. 그의 반역에 다윗은 피신을 떠나고 예루살렘을 점령함으로써 성공하는 듯 보였지만, 결국 요압을 앞세운 다윗의 진압군에 의해 실패로 돌아가고 맙니다. 그는 노새를 타고 도망가다가 자신의 자랑이었던 머리털이 수풀 나뭇가지에 걸리므로 꼼짝달싹도 못 한 채 요압의 손에 의해 죽고 맙니다(삼하18:9~15). 압살롬이 죽자 '내 아들 압살롬아... 내 아들아 내 아들아'라고 하면서 다윗은 얼마나 울었는지 모릅니다(삼하18:33). 압살롬은 우리말로 하면 부모의 가슴에 대못을 박은 불효자가 되고 말았습니다.

가롯 유다가 그런 사람입니다.

유대 태생으로 예수의 열두 제자로 뽑힌 가롯 유다는(막3:19), 예수님의 공생애 사역 동안 돈 궤를 맡아 관리할(요13:29) 정도로 유능하고 촉망받는 제자였습니다. 그런 그가 잘못된 메시야관으로 인해 마귀의 유혹을 받아 예수님을 배반하기에 이릅니다(요13:2). 예수님은 그런 그를 끝까지 사랑하시면서(요13:1), 회개할 수 있는 기회까지 주었지만(요13:26) 끝내 회개하지 않고 그 자리를 박차고 나가 버립니다(요13:30). 결국, 그는 은 삼십을 받고 대제사장에게 예수님을 넘기고 맙니다. 그의 배신으로 예수님이 체포되어 고난을 받는 모습을 보고서야 스스로 뉘우치면서 자기가 받은 은 삼십을 도로 갖다 주면서 '내가 무죄한 피를 팔고 죄를 범하였다'라고 고백하고는 스스로 목매어 죽고 맙니다(마 27:3-5, 행1:18-19). 그는 이렇게 비참하게 생을 마감하고 맙니다. 그는 '마귀'라는 오명과(요6:70) '도둑'이라는 오명과(요12:6) '멸망의 자식'이라는 오명과(요17:12) '차라리 태어나지 아니하였더라면 좋을 뻔한 사람'이라는 오명과(마26:24) 예수의 '배신자'라는 오명을 남기고 말았습니다.

▎바울의 심복으로 변화

오네시모의 변화 중의 하나는 '그는 내 심복이라'(12절)라는 말에서 찾아볼 수 있습니다.

원래 '심복'(心腹)이라는 말은 인체의 '가슴과 배'를 의미합니다. 가슴에는 폐와 심장이 있고, 배는 위장을 비롯한 여러 내장들이 있습니다. 이런 가슴과 배는 분리할 수 없듯이, 그래서 심복의 또 다른 의미는 '관계가 밀접하고 긴하여 꼭 없어서는 안 될 사람이나 물건'을 의미합니다.

여기서도 '심복'(스플랑크논)이란 말은 난하주에서도 보듯이 '심장'이라는 뜻입니다. 즉 '마음' 속에 있다는 뜻이며, '사랑'을 나타내기도 합니다. 따라서 사도 바울이 오네시모를 '내 심복'이라고 한 것은 '그야말로 내 심장과 같다.', '그는 이제 내 마음속에 있다.', '그는 내가 극진히 사랑하는 사람이다', '그는 나에게 없어서는 안 될 사람이다'라는 의미입니다. 무익했던 오네시모가 그런 사람이 되었습니다. 이제 그는 바울에게 없어서는 안 되는 사람이 되었습니다. 심장이 없으면 죽은 사람과 같듯이, 그가 없으면 바울도 없다는 뜻입니다. 심복이 그런 사람입니다. 굉장한 선언이 아닐 수 없습니다. 이제 이 두 사람은 '심복지인'(心腹之人)이 된 셈입니다.

그리고 '심복'과 관련해서 또 하나 생각나는 것은, '심열성복'(心悅誠服)이란 말이 있습니다. 이 말은 '충심으로 기뻐하며 성심을 다하여 순종하는 것'을 말합니다. 즉 심복은 이런 '심열성복'이 있어야 합니다. 무엇보다도 정성을 다하여 충성하고 순종하는 마음을 가져야 합니다. 심복은 그런 사람입니다. 왕에게는 '신복'(臣服)이 필요하듯이, 우리 모두도 하나님께 '신복'(信服)이 되어야 합니다.

'심복' 사상은 빌레몬서에서 '동역자' 사상을 연결하는 중요한 '키 워드'라고 생각합니다. 즉 빌레몬서에서 '심복'은 '동역자' 사이에 놓여 있습니다. '동역자인 빌레몬과'(1절) '나의 동역자'(24절) 사이에 '내 심복'(12절)이 나옵니다. (물론 17절에도 '동역자'가 나옵니다.) 어쨌든 이것은 '동역자'는 곧 '심복'이어야 함을 보여줍니다. 즉 심장을 함께 나누는 사람이 동역자요 심복이라는 사실입니다. 심장을 함께 나눈다는 말은 어쩌면 죽음까지 함께 간다는 말이기도 합니다. 그러기에 동역자나 심복이나 제자들은 죽음까지 각오하는 자세가 필요합니다.

사도행전 20:24 '내가 달려갈 길과 주 예수께 받은 사명 곧 하나님의 은혜의 복음을 증언하는 일을 마치려 함에는 나의 생명조차 조금도 귀한 것으로 여기지 아니하노라.'

사도행전 21:13 '나는 주 예수의 이름을 위하여 결박당할 뿐 아니라 예루살렘에서 죽을 것도 각오하였노라.'

성경에도 여러 심복들이 나옵니다.
아브라함의 종 '엘리에셀'이 그런 사람입니다.
모세의 시종 '여호수아'가 그런 사람입니다.
다윗의 '세 용사'가 그런 사람입니다.
예레미야의 친구이자 서기관이었던 '바룩'이 그런 사람입니다.
에스더의 삼촌인 '모르드개'가 그런 사람입니다.

섬기는 자로 변화

오네시모의 또 다른 변화는 '네 대신 나를 섬기게 하고자 하나'(13절)라는 말에서 찾아볼 수 있습니다.

즉 '섬기는 자'로 변화되었습니다. 여기서 '섬기다'(디아코네오)라는 말은, 말 그대로 '섬기다' '봉사하다' '수종들다' '돕다'라는 뜻입니다. 물론 오네시모가 예전에는 빌레몬의 종(둘로스)으로 주인을 섬겼습니다. '둘류오'(노예로 섬기다)로, 또는 '라트류오'(삯을 위해 봉사하다)로 섬겼습니다. 그러나 이제는 주종관계가 아닌 '디아코네오'로 자원하는 마음으로 자발적으로 기쁨으로 섬기는 것을 말합니다. 즉 '사랑의 봉사자'로 나섰다는 말입니다. 그런 그를 바울은 자기 곁에 두고 싶었습니다. '그를 내게 머물러 있게 하여 내 복음을 위하여 갇힌 중에서 네 대신 나를 섬기게 하고자' 했습니다. 그만큼 오네시모는 바울의 심복이었기 때문입니다. 이렇게 오네시모는 곁에 두고 싶은 사람으로, 복음을 위하여 빌레몬 대신 바울을 섬기는 자가 되었습니다.

잠시 떠났지만 영원히 둘 자로 변화

이런 오네시모는 바울에게 있어서만 필요한 사람이 아니라 이제는 빌레몬에게 있어서도 필요한 사람이 되었습니다.

그것을 15절에서 보게 됩니다. 여기서 '그가 잠시 떠나게 된 것은' 이란 말은, 오네시모가 빌레몬의 집에서 도망쳐 나온 것을 의미합니다. 오네시모가 도망쳐 나온 것은 분명 잘못된 일이지만, 그러나 그 일이 오히려 전화위복이 되어 이제는 '영원히 둘 자'가 되었습니다. 즉 '잠시 떠난' 오네시모가 '영원히 둘 자'로 돌아오게 되었습니다. 여기서 '두다'(아페코)는 원래 '멀리하다'는 뜻이지만, 여기서는 (마땅히 받을 것을) '돌려받다'는 뜻입니다.

그가 떠날 때는 종의 신분으로, 도망자 신세가 되어 떠났지만, 그가 돌아올 때는 그리스도인이 되어, 섬기는 자가 되어, 사랑받는 형제가 되어, 바울의 아들이 되어 돌아오게 되었습니다. 그런 오네시모는 영원히 빌레몬 곁에 둘 자라는 것입니다. 여기서 우리는 떠난 자는 어떤 이유로 떠났건 다시 돌아오게 된다는 교훈을 배울 수 있습니다.

돌아온 자들

사래의 종 '하갈'도 임신함으로 여주인 사래를 멸시하다가 사래의 학대로 도망쳐 나오지만, 하나님이 '네 주인에게로 돌아가서 그 수하에 복종하라'라는 지시함을 받아 다시 사래에게로 돌아간 적도 있습니다(창16장).

야곱의 아들 '요셉'도 자기가 꾼 꿈으로 인하여 형들의 미움을 받아 애굽에 종으로 팔려가지만, 요셉이 애굽에서 총리가 되었을 때 곡식을 사러 온 형제들을 22년 만에 만나게 됩니다. 그리고 아버지 야곱도 죽었다고 생각한 아들 요셉을 살아생전에 반갑게 만나게 됩니다. 이 과정에서 요셉의 형들이 참으로 많이 변화된 모습을 보게 됩니다. 그 뒤 야곱의 가족들은 애굽으로 내려와 400년 동안 애굽에서 살게 됩니다. 잠시 떠난 요셉이었지만 22년 만에 만나 영원히 함께 하는 자가 되었습니다(창45:5,8).

예수님의 비유 가운데 '돌아온 탕자' 이야기가(눅15:11-32) 어쩌면 오네시모의 이야기와 같을지도 모릅니다. 아버지에게 재산을 물려받은 둘째 아들이 집을 떠나 타국에 갔다가 허랑방탕하게 재산을 낭비하여 궁핍하게 되자, 그제야 아버지 집이 생각나고 자신의 잘못을 뉘우치고 돌아오는데, 아버지는 그 아들을 쫓아내지 않고 영원한 아들로 받아들이는 사랑의 아버지를 보게 됩니다. 잠시 떠난 아들이 다시 아버지 집으로 돌아오는 이야기는 바로 우리들의 이야기일 것입니다. '마가'도 잠시 바울을 떠났다가 다시 바울 곁으로 돌아옵니다.

혹시 우리가 받는 고난이 있다 하더라도 그것은 '잠시 받는 환난'임을 기억하고(고후4:17) 지금의 고난은 장차 우리에게 나타날 '영원한 영광'과 비교할 수 없다(롬8:18)는 사실을 기억했으면 좋겠습니다. 우리가 사는 이 세상도 영원히 살 것 같지만 '잠시' 살다가 죽는 것이 우리 인생입니다. 우리가 가야 할 곳, 우리가 영원히 살아야 할 곳은 이 세상이 아니라 저 '영원한 하나님 나라'입니다(찬송가492장).

그렇다면 무엇이 떠나간 자들을 돌아오게 할까요? 주인에게로, 아버지 집으로, 교회로, 천국으로 말입니다. 그것은 그리스도의 복음이, 하나님의 사랑이, 하나님의 언약이, 맡겨주신 사명이 떠난 자들로 하여금 다시 돌아오게 합니다. 우리도 잠시 떠났다면 영원한 아버지 하나님께 '영원히 둘 자'로 돌아갑시다.

▌종이 아닌 사랑 받는 형제로 변화

오네시모가 어떤 사람으로 변화되었는지를 알 수 있는 내용이 16절입니다.

> '이후로는 종과 같이 대하지 아니하고 종 이상으로 곧 사랑받는 형제로 둘 자라 내게 특별히 그러하거든 하물며 육신과 주 안에서 상관된 네게랴'

오네시모는 전에는 종이었지만 이제는 종이 아닌, 종 이상의 신분으로 '사랑 받는 형제'가 되었습니다. 빌레몬이 '사랑을 받는 자'(1절)였다면, 오네시모도 '사랑을 받는 자'가 되었습니다. 디모데나 빌레몬이 '형제'이면 오네시모도 '형제'가 되었습니다. 얼마나 놀라운 일입니까? 그러니 빌레몬이나 오네시모나 믿음 안에서 다같이 '사랑을 받는' 동등한 사람입니다. '종'으로 둘 자가 아니라 '사랑을 받는 형제'로 둘 자입니다.

'내게 특별히 그러하거든'이란 말은, 바울 자신이 먼저 오네시모를 종으로 생각하지 않고 사랑받는 형제로 둘 자로 여기고 있다는 말입니다. 내가 '그러하거든 하물며 육신과 주 안에서 상관된 네게'도 그러해야 하지 않느냐는 것입니다. 즉 빌레몬도 육신적으로는 상전이지만 오네시모를 종으로 대하지 말고 사랑하는 형제로 두면 좋겠다는 말입니다. 주 안에서는 다 같은 형제들이기 때문입니다. 이렇게 변화된 그를 골로새교회에 보내는 편지에서도, '신실하고 사랑을 받는 형제 오네시모를 함께 보낸다'(골4:9)라고 말하고 있습니다.

이제 오네시모를 받아 줄 빌레몬의 입장에서 알아야 할 것은, 고린도전서 7장 22절의 말씀인 '주 안에서 부르심을 받은 자는 종이라도 주께 속한 자유인이요...'라는 말씀입니다. 오네시모는 비록 빌레몬의 종이었지만 '주 안에서 부르심을 받은 주께 속한 자유인'의 신분으로 빌레몬에 보내지게 됩니다. 이 얼마나 놀라운 사실입니까? 문제는 빌레몬이 과연 오네시모를 종이 아닌 자유인으로 받아 줄지가 문제입니다. 그렇다고 오네시모도 빌레몬을 함부로 대하면 안 됩니다. 오네시모도 골로새서 3장 22~23절에 있는 말씀인 종의 자세를 알아야 합니다.

골로새서 3:22-23 '종들아 모든 일에 육신의 상전들에게 순종하되 사람을 기쁘게 하는 자와 같이 눈가림만 하지 말고 오직 주를 두려워하여 성실한 마음으로 하라 무슨 일을 하든지 마음을 다하여 주께 하듯 하고 사람에게 하듯 하지 말라'

에베소서 6:5-7 '종들아 두려워하고 떨며 성실한 마음으로 육체의 상전에게 순종하기를 그리스도께 하듯 하라 눈가림만 하여 사람을 기쁘게 하는 자처럼 하지 말고 그리스도의 종들처럼 마음으로 하나님의 뜻을 행하고 기쁜 마음으로 섬기기를 주께 하듯 하고 사람들에게 하듯 하지 말라'

영접받을 자로 변화

오네시모의 변화된 모습은 마지막으로 17절에서 찾아볼 수 있습니다. '그러므로 네가 나를 동역자로 알진대 그를 영접하기를 내게 하듯 하고'라는 말에서, '그를 영접하기를 내게 하듯' 하라고 합니다. 즉 오네시모는 사도 바울처럼 '영접받을 자'로 변화되었습니다. 바울은 어디를 가든, 누구를 만나든 영접받는 사람임을 의심치 않습니다. 만약 바울이 빌레몬을 찾아간다면 빌레몬 역시 바울을 영접할 것입니다. 마찬가지로 오네시모도 바울처럼 영접받을 사람이라는 것입니다.

여기서 '영접하다'(프로슬람바노)라는 말은, '이용하다' '받아들이다' '데리고 가다'라는 뜻입니다. 12절에서 '네게 그를 돌려보내노니 (그를 영접해 달라)'는 말이 생략되어 있다고 볼 수 있습니다. 따라서 12절과

(돌려보낸다) 17절은(영접하다) 서로 연결된다고 볼 수 있습니다.

오네시모를 영접해야 하는 빌레몬은 예수님의 교훈의 말씀을 기억해야 할 것입니다.

> **마태복음 10:40-41** '너희를 영접하는 자는 나를 영접하는 것이요 나를 영접하는 자는 나를 보내신 이를 영접하는 것이니라 선지자의 이름으로 선지자를 영접하는 자는 선지자의 상을 받을 것이요 의인의 이름으로 의인을 영접하는 자는 의인의 상을 받을 것이요'

▎하나님의 형상을 지닌 자로 변화

이런 오네시모의 변화는 결론적으로 말하면 '하나님의 형상을 지닌 하나님의 자녀'의 모습이라 할 수 있습니다. 하나님의 자녀로 변화되었고, 전에는 무익한 자였지만 유익한 자로 변화되었고, 전에는 주인(lord)인 빌레몬을 섬겼지만 이제는 하나님을 주인(Lord)으로 섬기는 자로 변화되었고, 종이 아닌 사랑하는 형제로 변화되었고, 영원히 둘 자로, 영접받을 자로 변화된 것이 얼마나 놀라운 일입니까?

이런 오네시모의 변화는 복음의 힘입니다. 복음은 이렇게 사람을 변화시킵니다. 어떤 사람이든 복음은 사람을 변화시키는 힘을 가지고 있습니다. 사람이 사람을 변화시키기는 어렵지만 하나님은 얼마든지 사람을 변화시키시는 분입니다. 이렇게 한 사람의 변화는 하나님, 예수님, 성령님, 복음, 그리고 전도자가 다 동원되고 있습니다.

변화는 빠르게 일어날 수도 있고 서서히 일어날 수도 있습니다. 중요한 것은 신분의 변화는 빠르게 일어날 수가 있습니다. 그러나 삶의 변화는 더디게 일어날 수 있습니다. 이제 오네시모의 과제는 삶의 변화가 남아 있습니다. 어떤 삶의 변화를 보여 줄 것인지는 그의 몫입니다.

에베소서 2:3,10 '전에는 우리도 다 그 가운데서 우리 육체의 욕심을 따라 지내며 육체와 마음의 원하는 것을 하여 다른 이들과 같이 본질상 진노의 자녀이었더니... 우리는 그가 만드신 바라 그리스도 예수 안에서 선한 일을 위하여 지으심을 받은 자니...'

에베소서 2:12-13 '그때에 너희는 그리스도 밖에 있었고 이스라엘 나라 밖의 사람이라 약속의 언약들에 대하여는 외인이요 세상에서 소망이 없고 하나님도 없는 자이더니 이제는 전에 멀리 있던 너희가 그리스도 예수 안에서 그리스도의 피로 가까워졌느니라'

에베소서 5:8 '너희가 전에는 어둠이더니 이제는 주 안에서 빛이라 빛의 자녀들처럼 행하라'

1. 오네시모의 변화된 모습을 보면서, 나는 예수를 믿고 어떤 사람으로 변화되었습니까?

2. 나는 아직 무익한 자로 살고 있습니까? 유익한 자로 살고 있습니까?

3. 나는 하나님의 형상으로 재창조된 모습은 어떤 모습입니까?

제5장 바울의 배려심(18~19절)

'그가 만일 네게 불의를 하였거나 네게 빚진 것이 있으면 그것을 내 앞으로 계산하라 나 바울이 친필로 쓰노니 내가 갚으려니와 네가 이 외에 네 자신이 내게 빚진 것은 내가 말하지 아니하노라.'(18~19절)

바울로 부터 복음을 듣는 오네시모

사도 바울은 변화된 오네시모를 빌레몬에게 돌려보내면서, 빌레몬에게 어떤 마음으로 이 편지를 쓰고 있는지를 보게 됩니다. 우리는 여기에서 사도 바울의 신앙과 그의 인격을 배울 수 있습니다. 저는 이것을 바울의 '배려심'이라고 말하고 싶습니다. '배려'(配慮)는 상대방에게 관심을 가지고 생각해 주는 것을 말합니다. 염려해 주거나 마음을 써 주는 것을 말합니다. 한마디로 상대방이 불편함이 없도록 편안하게 대하는 자세를 말합니다. 그리스도인은 누구나 이런 배려심을 가지고 있어야 합니다. 세상의 아름다움은 작은 배려심에서부터 시작됩니다. 더구나 공동체생활에서는 더욱 배려심이 필요할 뿐만 아니라 배려심이 강한 사람이 돋보이기 마련입니다. 내가 이기적인 사람인가? 아니면 이타적인 사람인가? 는 배려심에서 판가름 납니다. 그런 면에서 바울은 우리에게 본이 되고 있습니다.

1. 명령하는 것보다 사랑으로 간구하는 마음

이미 앞에서 살펴본 내용입니다만 8~9절을 다시 보면,
'이러므로 내가 그리스도 안에서 아주 담대하게 네게 마땅한 일로 명할 수 있으나 도리어 사랑으로써 간구하노라'라고 말하고 있습니다. 이는 얼마나 사도 바울이 빌레몬을 배려하고 있는지 알 수 있습니다. 사도로서, 나이 많은 연장자로서 얼마든지 오네시모를 받아 줄 것을 명령할 수 있지만, 바울은 명령이 아닌 사랑으로 간구하는 것은 빌레몬을 대우하는 차원에서 사랑의 마음에 호소하고 있다고 볼 수 있습니다. 그리고 이 말은 어쩌면 사도 바울이 빌레몬에게 처음으로 하는 말이라고 생각할 때, 첫마디 말이 얼마나 중요한지 보게 됩니다. 첫 마디가 부드러워야 다음 말도 부드러울 수 있습니다. 그러나 첫 마디가 강압적으로 나가면 다음 말도 강압적으로 나갈 수밖에 없습니다.

우리도 누군가가 나에게 어떤 지시를 명령하듯 강압적으로 하면 우리 역시 기분이 별로 좋지 않을 것입니다. '자기가 뭔데'라고 나올 수 있습니다. 그러나 상대방을 배려하는 차원에서 부드럽게 부탁을 하면 기꺼이 들어줄 수 있을 것입니다.

바울은 그런 의미에서 빌레몬을 처음부터 배려하고 있습니다.

2. 나의 필요보다 남의 필요를 먼저 우선하는 마음

11~13절에 보면, 변화된 오네시모가 얼마나 유익한 사람이 되었는지, 바울은 그런 오네시모를 자기 곁에 머물러 두고 싶을 정도로 필요한 사람이었습니다. 바울의 솔직한 심정은 그런 오네시모를 자기 곁에 두고 싶었습니다. 그것은 빌레몬 대신 자신을 섬기는 자로 쓰고 싶었던 것입니다.

그러나 사도 바울은 역시 빌레몬을 먼저 생각합니다. 오네시모가 자기에게 필요한 사람이라면 빌레몬에게도 필요한 사람일 것이라는 생각입니다. 그래서 그를 자기 곁에 두고 싶지만 빌레몬을 생각해서 그를 돌려보내 주겠다고 합니다. 이것 역시 바울의 배려심에서 우러나온 결정이었습니다.

우리도 나에게 필요한 사람이나 물건이 있으면 언제나 내 곁에 두고 싶을 것입니다. 그것을 남에게 주는 것을 아깝게 생각할 것입니다. 하지만 바울은 자기에게 너무나 필요한 심복 같은 오네시모를, 빌레몬의 필요를 먼저 생각해서 보내는 마음이 얼마나 대단합니까? 그러니 우리도 꼭 필요한 사람이 되어야 할 것입니다. 그리고 나 먼저 생각할 것이 아니라 남을 먼저 생각하는 사람이 되었으면 합니다.

3. 타의에 의한 결정보다 자의에 의한 결정을 유도하는 마음

14절에 보면, '다만 네 승낙이 없이는 내가 아무것도 하기를 원하지 아니하노니 이는 너의 선한 일이 억지같이 되지 아니하고 자의로 되게 하려 함이라'라고 말하고 있습니다. 이것 역시 사도 바울이 빌레몬을 배려하는 마음에서 비롯된 것임을 알 수 있습니다.

사실 어떻게 보면 오네시모를 돌려보내느냐 돌려보내지 않느냐는 바울에게 달린 일이라고 여겨집니다. 물론 그 당시 사회법으로는 도망친 노예는 주인에게 돌려보내는 것이 상례였다고는 하지만, 복음으로 변화된 오네시모가 바울에게 필요하기에 빌레몬에게는 자신이 데리고 있겠다고 일방적으로 통보할 수도 있었지만, 바울은 그것까지 빌레몬의 승낙을 받기 원했습니다. 즉 바울이 오네시모를 보내지 않고 자기가 데리고 있겠다고 하면 빌레몬의 입장에서는 거절할 수 없는 일이겠지만, 그것은 어떻게 보면 타의(바울)에 의한 결정이요 빌레몬은 억지로 승낙할 수밖에 없을 것입니다. 그러나 먼저 오네시모를 빌레몬에게 돌려보낸 후에, 빌레몬이 오네시모를 다시 바울에게로 보내 준다면 그것은 빌레몬의 자의에 의한 결정이라 할 수 있습니다. 바울은 그 점을 유념했던 것입니다.

아무리 '선한 일'이라 하더라도 타의에 의한 결정에 억지로 승낙해 주는 것은 은혜롭지 못한 처사가 될 수 있기 때문입니다. 하나님은 모든 일을 협력하여 선을 이루시기를 원합니다(롬8:28). 그러기에 주장하는 자세를 버리고 타인의 의견을 경청하는 자세가 무엇보다 필요합니다. 그런 면에서 바울의 배려심은 남다르다 할 수 있습니다.

4. 자신의 빚보다 남의 빚을 먼저 갚겠다는 마음

18~19절에 보면, "그가 만일 네게 불의를 하였거나 네게 빚진 것이 있으면 그것을 내 앞으로 계산하라... 내가 갚으려니와 네가 이 외에 네 자신이 내게 빚진 것은 내가 말하지 아니하노라"라고 합니다.

여기서 '그'는 오네시모를 말합니다. 즉 오네시모가 빌레몬 주인 밑에 있을 때의 이야기입니다. 오네시모가 빌레몬에게 '불의'를 행했거나 '빚'을 졌을 경우를 말합니다. 아마도 이 말은 오네시모가 빌레몬의 집에서 도망쳐 나올 때 돈을 훔쳐 나왔거나 어떤 물건을 도둑질한 것을 말합니다. 그것이 무엇이든 간에 바울이 갚겠다고 합니다. 그러니 그것이 무엇이든 자기 앞으로 계산하라고 합니다. 즉 그의 잘못을 바울 자신이 책임을 지겠다는 것입니다. 누가 남의 빚을 대신 갚아 주는 사람이 어디 있습니까? 그런데 바울은 자진해서 자기가 갚겠다고 하니 바울이 돈이 많아서 그럴까요? 그건 아닐 것입니다. 그럼에도 불구하고 오네시모의 빚을 대신 갚겠다는 것은 오네시모를 배려하는 바울의 마음에서 우러나온 결정일 것입니다.

그러면서 바울은 '네 자신이 내게 빚진 것'에 대해서는 '내가 말하지 않겠다'라고 합니다. 이 말은 빌레몬도 바울에게 어떤 빚을 졌는데 그것에 대해서는 말하지 않겠다는 것입니다. 빌레몬이 바울에게 진 빚이 무엇이겠습니까? 분명 물질적인 빚은 아닐 것입니다. 아마도 그것은 어쩌면 복음의 빚, 사랑의 빚일지도 모릅니다. 그것 역시 갚아야 할 빚입니다. 그러나 그것에 대해서는 일절 이야기하지 않겠다고 합니다. 이것은 바울이 빌레몬을 배려하는 마음입니다.

우리도 남에게 빚질 수도 있고, 남에게 빚을 줄 수도 있습니다. 빚은 모르는 사람보다 아는 사람끼리 주고받는 경우가 허다합니다. 중요한 것은 빚 때문에 인간관계가 깨어지는 경우가 허다하기에 바울은 이 점을 주목하고, 빌레몬과 오네시모를 이어주는 중재자로서의 역할을 다하고 있지 않나 생각해 봅니다.

5. 친필로 쓰는 배려하는 마음

사도 바울이 빌레몬에게 이 서신을 써 보내면서 '나 바울이 친필로 쓰노니'(19절) 라는 말을 합니다.

'친필로 쓴다'라는 이 말이 어떤 의미일까요? 먼저 문맥적으로 보면 18절의 '네게 빚진 것이 있으면 그것을 내 앞으로 계산하라'라고 한 다음, 19절에서 '나 바울이 친필로 쓰노니 내가 갚으려니와'라고 합니다. 즉 '내 앞으로 계산하라' – '내가 친필로 쓴다' – '내가 갚겠다'라는 형식으로 본다면, 어쩌면 이 말은 마치 돈을 갚겠다는 차용증 내지는 각서에 바울이 친히 사인하는 느낌을 받게 됩니다. 그다음 문맥을 떠나이 서신인 빌레몬서를 친필로 쓴다는 의미입니다. 그렇게 본다면 모든 바울서신이 다 친필로 쓴 것이 아님을 반증해 주는 말이기도 합니다.

사실 바울의 서신들을 보면 편지를 보낸 사람은 사도 바울이지만, 그 편지를 기록한 사람은 바울이 아닌 다른 사람일 경우가 많은 것을 보게 됩니다. 즉 사도 바울이 불러 주는 대로 누군가가 글을 쓰는 대필자가 있었다는 이야기입니다.

예를 들면 로마서가 바울서신인데 16장 22절에 보면 "이 편지를 기록하는 나 더디오도 주 안에서 너희에게 문안하노라"라고 나오는데, 로마서를 대필한 사람이 '더디오'임을 보게 됩니다. 그렇다고 모든 서신서에 대필자의 이름이 나오는 것은 아닙니다. 로마서 외에 대필자가 누구인지 정확히 알 수 없지만 예상되는 인물은 디모데, 누가, 두기고 등 대체로 바울과 함께 한 사람일 가능성이 큽니다. 디모데가 대필자라면 디모데에게 편지를 보낼 때는(디모데전·후서) 디모데가 아닌 또 누군가가 대필을 했을 가능성도 있습니다.

사도 바울이 편지를 직접 쓰지 않은 이유는 정확히 알 수 없지만, 아마도 눈이 좋지 않았는지도 모릅니다. 바울이 눈이 좋지 않다고 생각할 수 있는 것이, 다메섹 회심 사건 때 강한 빛을 보고 눈이 충격을 받은 적이 있는데 '사울이 땅에 일어나 눈은 떴으나 아무것도 보지 못하고… 사흘 동안 보지 못하고 먹지도 마시지도 아니하니라'(행9:8-9)라고 했는데, 아나니아의 안수로 다시 보게 되었습니다. '즉시 사울의 눈에서 비늘 같은 것이 벗어져 다시 보게 된지라'(행9:18). 그 뒤 바울은 시력 때문에 고생했을 가능성이 있으며, 어쩌면 그것이 '육체의 가시'

가 되어 하나님께 기도했는지 모릅니다(고후12:7-10). 그래서 약한 시력 때문에 바울이 직접 글을 쓰게 될 경우에는 큰 글자로 썼습니다.

갈라디아서 6장 11절에 보면 "내 손으로 너희에게 이렇게 큰 글자로 쓴 것을 보라"는 말이 있습니다. 하지만 빌레몬서만큼은 어쩌면 사도 바울이 직접 썼는지도 모릅니다. 물론 몇몇 서신서에서는 "나 바울은 친필로 문안하노니..."(고전16:21, 골4:18, 살후3:17)라고 나오기도 합니다. 그래서 '고린도전서'와 '골로새서'와 '데살로기나후서'를 바울이 직접 썼다고 볼 수 있겠으나 어쩌면 이것 역시 앞부분은 누군가가 대필을 하고, 마지막 문안 인사만큼은 바울이 직접 썼다고도 볼 수 있습니다.

1절에서 '바울'과 '디모데' 두 사람이 나옵니다. 그렇다면 디모데가 이 서신을 대필할 수도 있었을 것입니다. 그러나 바울은 자신의 친필임을 강조하고 있습니다. 어쨌든 '빌레몬서'만큼은 바울이 직접 썼다고 단정할 수 있는 것은, 첫째, 분량이 적고 둘째, 빌레몬과의 친밀함을 보이기 위함일 것이며 셋째, 오네시모를 돌려보내는 일의 사안이 그만큼 중요했기 때문입니다. 그래서 21절에서도 '나는 네가 순종할 것을 확신함으로 네게 썼노니'라고 다시 언급하고 있습니다.

수넴 여인

사도 바울의 배려심을 보면서 생각나는 사람이 있습니다. 바로 '수넴 여인'입니다. 엘리사 시대 때 수넴에 사는 '한 귀한 여인'이, 엘리사 선지자를 간권하여 음식을 대접한 이후로 엘리사가 그리로 지나갈 때마다 그 여인의 집에서 음식을 먹곤 하였습니다. 그러다가 하루는 그 여인이 자기 남편에게 이런 제안을 합니다. "항상 우리를 지나가는 이 사람은 하나님의 거룩한 사람인 줄을 내가 아노니, 청하건대 우리가 그를 위하여 작은 방을 담 위에 만들고, 침상과 책상과 의자와 촛대를 둡시다. 그가 우리에게 이르면 거기에 머물게 합시다"라고 합니다. 이것은 수넴 여인이 엘리사 선지자를 위한 배려입니다. 엘리사는 그런 여인에게 "네가 이같이 우리를 위하여 세심한 배려를 하는도다"라고 칭찬합니다(왕하4:8-13).

배려는 상대방이 무엇을 요구하기 전에, 내가 먼저 필요를 채워주는 것을 말합니다. 배려는 상대방의 불편함을 내가 먼저 인지하여 그 불편함을 해소해 주는 것을 말합니다.

배려는 상대방의 마음을 읽을 줄 알아야 합니다.

배려는 이렇게 우리의 삶을 아름답게 합니다. 편안하게 합니다. 기쁘게 합니다.

> 고린노전서 10:24 '누구든지 자기의 유익을 구하지 말고 남의 유익을 구하라'
>
> 빌립보서 2:3-4 '오직 겸손한 마음으로 각각 자기보다 남을 낫게 여기고 각각 자기 일을 돌볼뿐더러 또 한 각각 다른 사람들의 일을 돌보아 나의 기쁨을 충만하게 하라'
>
> 빌립보서 4:5 '너희 관용을 모든 사람에게 알게 하라 주께서 가까우시니라'

1. 바울의 배려심을 보면서 나의 배려심은 어떠한지요?

2. 남에게 진 빚에 대한 나의 태도는 무엇입니까? 혹 남에게 돈을 꾸어주었다면 탕감할 생각은 없으신지요? 아니면 바울처럼 남의 빚을 대신 갚아 준 일은 없으신지요?

3. 공동체(학교, 가정, 직장, 교회) 생활에서 누군가의 배려심을 보면서 느끼는 것은 무엇입니까? 나는 어떤 배려심을 보여 주고 있습니까?

제6장 바울의 개인적인 부탁
(20~22절)

'오 형제여 나로 주 안에서 너로 말미암아 기쁨을 얻게 하고 내 마음이 그리스도 안에서 평안하게 하라 나는 네가 순종할 것을 확신하므로 네게 썼노니 네가 내게 말한 것보다 더 행할 줄을 아노라 오직 너는 나를 위하여 숙소를 마련하라 너희 기도로 내가 너희에게 나아갈 수 있기를 바라노라'(20-22절)

바울은 본론을 마무리 짓는 과정에서 빌레몬을 '오 형제여'(나이 아델페)라고 부릅니다. '나이 아델페'는 '참으로 형제여'라는 의미로, 친밀감과 더불어 간절한 호소와 부탁의 의미를 강하게 내포하는 말입니다. 1절에서 디모데를 '형제'라고 불렀고, 7절에서도 이미 빌레몬을 '형제여'라고 불렀습니다. 심지어 오네시모를 말할 때도 역시 '형제'라고 부르고 있습니다(16절). 바울에게 있어서 모든 사람이 믿음 안에서 형제입니다.

본론이 시작되기 전 7절에서 바울이 빌레몬을 '형제'라 부른 것이, 오네시모를 부탁하기 위한 말이라면, 본론을 끝내고 마무리 단계에서 빌레몬을 '오 형제여'라고 부른 것은, 바울이 개인적으로 부탁할 내용이 있기 때문입니다. 바울이 빌레몬에게 개인적으로 부탁할 내용은 무엇일까요?

1. 자신의 기쁨과 평안을 요구하는 바울

20절에서 바울은 빌레몬에게, '나로 주 안에서 너로 말미암아 기쁨을 얻게' 해 달라는 것입니다. 그로 인해 '내 마음이 그리스도 안에서 평안하게' 되기를 원하고 있습니다.

사람은 누구나 마찬가지겠지만 다른 사람을 통해 기쁨을 누리기를 원합니다. 예를 들면 어린아이의 재롱으로 부모가 기쁨을 얻듯이, 바울도 빌레몬을 통해 기쁨을 얻기를 원하고 있습니다. 바울이 빌레몬에게서 얻고자 하는 '기쁨'이 무엇이겠습니까? 바로 지금까지 부탁한 오네시모를 다시 받아주는 일입니다. 이것이 빌레몬이 해야 할 일이며, 그 일을 통해 즉 빌레몬이 오네시모를 받아주는 일을 통해 바울은 '기쁨'(오니네미)을 얻을 것입니다. 그렇게 될 때 바울의 마음은 '평안'(아나파우오)할 것입니다.

바울은 이 모든 일이 '주 안에서', '그리스도 안에서' 이루어지기를 원합니다. 즉 믿음 안에서, 은혜 안에서, 사랑 안에서 말입니다. 예수님이 어린아이들을 용납하고 받아주신 것처럼, 예수님이 죄인들을 용서하고 받아주신 것처럼, 자신을 배반하는 가롯 유다나 자신을 부인한 베드로를 끝까지 사랑하고 품으신 것처럼, 빌레몬도 오네시모를 주의 사랑과 은혜로 용서하고 받아줄 것을 원하고 있습니다. 사실 바울은 그것을 기대하고 이 말을 하고 있습니다.

빌레몬은 충분히 그럴 가능성이 있습니다. 왜냐하면, 빌레몬의 삶에서 과거나 현재나 많은 사람들에게 평안함과 기쁨을 제공하는 사람이었기 때문입니다. 우리도 다른 사람을 기쁘게 해야 합니다. 우리도 주 안에서 기쁨이 되어야 합니다.

> 7절 '형제여 성도들의 마음이 너로 말미암아 평안함을 얻었으니 내가 너의 사랑으로 많은 기쁨과 위로를 받았노라.'
>
> 데살로니가전서 2:20 '너희는 우리의 영광이요 기쁨이니라'

2. 빌레몬의 순종을 확신하는 바울

바울은 21절에서 '나는 네가 순종할 것을 확신하므로 네게 썼노니 네가 내가 말한 것보다 더 행할 줄을 아노라'고 합니다.

바울은 빌레몬이 자신에게 '기쁨'과 '평안'을 줄 사람으로 믿었습니다. 그것은 빌레몬이 자신의 말에 '순종'(휘파코에)할 것을 '확신'(페이도)

했기 때문입니다. 바울은 단도직입적으로 빌레몬의 의사와 상관없이 '나는 네가 순종할 것을 확신한다.'라고 말합니다. 이 말이 빌레몬의 입장에서 보면 어이가 없고 황당하게 들릴지 모르지만, 그만큼 바울은 빌레몬을 믿었습니다. 이런 말은 듣는 빌레몬은 바울의 말에 순종할 수밖에 없을 것입니다. 어떻게 보면 부담되는 말이기도 합니다. 이것 역시 타의에 의한 결정이 아니라 자의에 의해서 이루어져야 하는데 '순종할 것을 확신한다'라고 못 박는 말이기에 다소 고민이 되겠지만, 바울은 능히 빌레몬이 그럴 만한 사람이라는 것을 보여주고 있습니다. 아마 이런 확신이 없었다면 이런 말을 하지 않았을 것이며 이 편지를 쓰지 않았을 것입니다.

사실 빌레몬의 순종은, 사도 바울의 말에 대한 순종이라기보다는 빌레몬이 평소 믿어왔고 실천해 왔던 하나님의 말씀에 대한 순종입니다. 바울 역시도 그런 빌레몬의 신앙을 믿었습니다. 그러기에 이 서신을 (친필로) '네게 썼다'고 말하고 있으며, 나아가 바울은 빌레몬이 하나님의 뜻을 알고 그 뜻에 순종하는 사람이기에 자신이 부탁하지 아니한 것까지도 얼마든지 들어줄 것을 믿는다고 말합니다.

'네가 내가 말한 것보다 더 행할 줄을 아노라'

그렇다면 '내가 말한 것' 즉 바울이 지금까지 말한 '오네시모를 주 안에서 기꺼이 받아 달라'는 말이었다면, 빌레몬이 이보다 '더 행할 것'이 무엇이었을까요? 바울은 빌레몬이 오네시모를 받아 줄 뿐만 아니라 그 이상 무엇을 더 행할 것을 기대했을까요?

아마도 그것은 정확하게는 알 수 없지만 '종 이상으로 곧 사랑받는 형제로 둘 자라'(16절)는 말 속에서, 이제 오네시모가 돌아가면 노예 신분이 아닌 자유인의 신분으로 해방해 줄 것을 기대한다고 볼 수 있고, 나아가 오네시모를 다시 바울에게로 돌려보내 주어서 자신의 선교사역에 심복으로 섬길 수 있도록 해 줄 것을 기대했는지도 모릅니다. 당시 로마 사회에서 도망친 노예를 다시 받아주는 일도 어렵지만, 그 노예를 자유인으로 해방시켜 주는 일도 어려운 일입니다. 그러나 바울은 어쩌면 빌레몬이 그렇게 할 것을 믿었는지 모릅니다.

한편 빌레몬의 입장에서는 이런 어려운 부탁을 자신의 의향도 묻지 않은 채 스스럼없이 믿는다는 말에 부담이 되겠지만, 이런 말을 하는 바울의 의도는 빌레몬을 꼼짝없이 자신의 말을 들어 주지 않으면 안 되는 상황으로 몰아가기 위함이기보다는, 빌레몬의 성품과 신앙을 높이 평가하면서 스스로 이 문제를 해결해 주기를 바라는 바울의 배려와 기대일 것입니다. '순종'(휘파코에)은 누구나 해야 합니다. 순종은 어떤 명령이든 해야 합니다. 순종은 어떤 상황 속에서도 해야 합니다. 해야 하는 것이 순종입니다. 하지 않는 것이 불순종입니다. 그리고 순종이 어려우면 배워야 합니다. 예수님의 순종을 배워야 합니다(히5:8). 아브라함의 순종을 배워야 합니다. 바울의 순종을 배워야 합니다. 빌레몬의 순종을 배워야 합니다.

3. 숙소 마련을 부탁하는 바울

바울이 빌레몬에게 하는 마지막 개인적 부탁은 22절에서 '오직 너는 나를 위하여 숙소를 마련하라'라고 합니다.

이 요청은 자신이 언젠가는 로마 감옥에서 석방할 날이 올 것이며, 자신이 석방되면 골로새를 방문하여 빌레몬의 집에 유하겠다는 말입니다. 그래서 '오직 너는 나를 위하여 숙소를 마련해 달라'고 부탁합니다. 바울이 이런 개인적인 부탁을 하는 경우는 그의 서신서에서 거의 찾아볼 수가 없는데, 본서에서 빌레몬에게만 특별히 하고 있습니다. 그만큼 빌레몬과의 관계가 각별(恪別)함을 알 수 있습니다. 그러기 위해서는 즉 자신이 석방될 수 있도록, 그래서 골로새를 방문할 수 있도록 기도해 달라고까지 부탁합니다.

'너희 기도로 내가 너희에게 나아갈 수 있기를 바라노라'

이것은 어쩌면 바울의 소망이자 믿음일지 모릅니다. 언젠가 석방되리라는 소망과 골로새로 가야 한다는 믿음이 그것입니다. 소망이 있으면 믿음이 생깁니다. 빌레몬을 다시 만날 수 있을 것이라는 소망과 나아가 과연 빌레몬이 오네시모를 받아들였는지도 알 수 있을 것입니다. 기도로 돕는 일은 좋은 일입니다. 특히 갇힌 자를 위하여 기도하는 것은 좋은 일입니다(행12:5).

고린도후서1:11 '너희도 우리를 위하여 간구함으로 도우라'

히브리서13:19 '내가 더 속히 너희에게 돌아가기 위하여 너희가 기도하기를 더욱 원하노라'

1. 우리는 어떤 사람이 되어야 할까요? 기쁨과 평안을 주는 사람인가요?

2. 우리는 어떤 사람이 되어야 할까요? 순종할 것을 확신할 수 있는 사람인가요?

3. 우리도 사역자(특히 선교사)를 위해 기도로 돕고 있습니까?

제7장 바울의 동역자들

'그리스도 예수 안에서 나와 함께 갇힌 자 에바브라와 또한 나의 동역자 마가, 아리스다고, 데마, 누가가 문안하느니라' (23-24절)

오네시모를 향한 바울의 사랑

사도 바울은 본 서신을 마무리하면서 현재 자신과 함께 옥중에 있는 동역자들과 함께 문안 인사를 빌레몬에게 전합니다. 아마도 이들은 당시 로마 옥중에 있는 사울 바울을 섬기며 수종 들었을 것입니다.

바울 곁에 있는 자, 바울과 함께 갇힌 자, 빌레몬을 생각하며 함께 문안을 전하는 몇몇 동역자들이 소개되고 있는데, 이들에 대해 간단하게 살펴보고자 합니다.

1. '에바브라'(Epaphras, 에파프라스)

'에바브라'는 '물거품'이라는 뜻의 이름으로 그는 골로새 교회를 개척하여 사역하다가 빌레몬의 아들 아킵보(2절)에게 골로새 교회를 맡긴 후 로마로 가서 바울의 사역을 도운 사람입니다. 바울은 그를 '나와 함께 갇힌 자'로 소개하고 있습니다. 이 말은 '동료 죄수'라는 말인데 바울과 함께 옥에 갇힌 감옥 동료라는 말입니다. 그렇다고 에바브라가 무슨 나쁜 짓을 해서 감옥에 갇힌 것은 아닙니다. 에바브라 역시 그리스도를 위해, 복음을 전하다가 지금 감옥에 갇혀 있습니다. 아니 더 정확한 것은 순전히 바울을 돕기 위해 스스로 감옥에 들어갔는지도 모릅니다. 그 당시에는 감옥 출입이 가능했기 때문입니다. 따라서 에바브라는 바울을 지키는 군사(행28:16)의 감시를 받으며 바울의 셋집에서 함께 기거했을 것으로 보입니다.

사실 에바브라는 골로새 교인들에게 영적 아버지와 같은 자로서 존경을 받은 자였기에, 바울은 그들이 가장 궁금해할 에바브라의 안부를 다른 사람보다 제일 먼저 그들에게 전하고 있습니다. 참고로, 바울이 골로새 교회에 보낸 편지 내용 중에 에바브라를 '우리와 함께 종 된 사랑하는 에바브라'로 소개하고 있고(골1:7), '그리스도 예수의 종인 너희에게서 온 에바브라'로 소개하고 있습니다(골4:12). 에바브라는 골로새 교회를 설립하고 사역했을 뿐만 아니라 라오디게아와 히에라볼리 지역에서도 복음을 전하는 수고를 다한 사람입니다(골4:13).

이제 그는 바울 곁에서 끝까지 함께 남아 있는 자가 되었습니다. 바울은 '에바브라' 외에 네 명의 동역자를 더 소개합니다. '마가', '아리스다고', '데마', '누가'입니다. 이들을 '나의 동역자'로 소개합니다. 그렇다고 이들은 에바브라처럼 바울과 함께 갇힌 자들이 아니냐 하면 그렇지도 않습니다. 골로새서4:10에 보면 '나와 함께 갇힌 아리스다고와 바나바의 생질 마가'가 나옵니다. 즉 네 명 중에 두 명(아리스다고, 마가)은 에바브라처럼 바울과 함께 갇힌 자였습니다. 다만 빌레몬에게 보내는 편지에서는 이 두 사람이 빠져 있을 뿐입니다. '동역자'에 대해서는 1절의 설명을 참고하시기 바랍니다.

2. '마가'(Mark, 마르코스)

'마가'는 '비추이다'는 뜻의 이름으로 제2복음서인 마가복음을 기록한 사람으로 '마가 요한'(행12:12, 25)으로 불립니다. 마가의 고향은 지중해의 구브로 섬이며 레위 족속으로 알려져 있습니다. 또한, 바나바의 생질이기도 합니다(골4:10).

마가가 처음 바울을 만나게 되는 때는, 바나바와 사울이 부조하는 일을 마치고 예루살렘에서 안디옥으로 돌아오는 길에 마가라 하는 요한을 데리고 오게 됩니다(행12:25). 아마도 그 당시 마가는 그의 어머니와 함께 예루살렘에 살고 있다가(행12:12) 바나바의 소개로 바울을 만나게 됩니다. 안디옥 교회로 함께 온 마가는 사도 바울의 제1차 전도여행의 수종자로 따라 나서게 됩니다(행13:5). 이때부터 그는 바울의 동역자가 된 것입니다. 그러다가 무슨 이유인지 알 수 없지만 전도여행 중 밤빌리아 버가에서 그들과 작별하고 다시 예루살렘으로 돌아가고 맙니다(행13:13). 이 일이 나중에 제2차 전도여행을 갈 때 바나바는 다시 마가를 데리고 가고 싶었으나 바울은 한마디로 거절한 계기가 되고 말았습니다.

바울의 입장과 태도는 '밤빌리에서 자기들을 떠나 함께 일하러 가지 아니한 자를 데리고 가는 것이 옳지 않다'(행15:38)는 것입니다. 즉 바울에게 있어서 마가는 더 이상 믿을 사람이 못 된다는 것입니다. 반면에 바나바는 그런 마가에게 한 번 더 기회를 주자는 것입니다. 이 일로 바울과 바나바는 크게 다투게 되었고(행15:39) 결국에는 바울과 바나바는 서로 갈라서서 바나바는 마가를 데리고 다시 구브로로 향했고, 바울은 실라를 데리고 제2차 전도여행 길에 오르게 됩니다.

그러다가 나중에 마가는 다시 바울로부터 인정을 받게 되었고, 다시 아리스다고와 유스도와 함께 하나님의 나라를 위한 전정한 바울의 동역자가 되었습니다. 바울이 로마에 있을 때 함께 지냈으며, 그런 마가를 골로새 교회에 보낼 때에도 그를 기쁨으로 영접할 것을 부탁하기도 했습니다(골4:10). 이제 마가는 바울에게 있어서 동역자뿐만 아니라 그에게서 진정한 위로를 발견하기도 했습니다(골4:10-11). 후에 사도 바울이 두 번째 로마 감옥에 투옥되었을 때에는 마가가 보고 싶어 디모데에게 그를 데리고 올 것을 부탁할 정도였습니다. 뿐만 아니라 바울은 그를 '나의 일에 유익한 자'로 인정하고 있습니다(딤후4:11).

어떻게 보면 마가 역시도 처음에는 '무익한 자' '믿지 못할 자' '일을 함께 하지 못할 자'로 보였으나 나중에는 '유익한 자'가 된 사람입니다.

사도 바울의 순교 후 마가는 베드로를 도와 일을 했습니다. 그런 그를 베드로는 '내 아들 마가'로 부르고 있습니다(벧전5:13).

3. '아리스다고'(Aristarchus, 아리스타르코스)

'아리스다고'는 '선한 정치'라는 이름의 뜻을 가진 마게도냐의 데살로니가 사람입니다(행27:2). 아리스다고는 바울처럼 유대교로부터 기독교로 회심한 사람입니다. 그가 언제 어떻게 바울을 만나게 되었을까요? 사도 바울이 제2차 전도여행 중 에베소에 사역할 때의 일입니다. 당시 사도 바울의 명성은 최고조에 달해 있었습니다.

사도행전19:11-12 '하나님이 바울의 손으로 놀라운 능력을 행하게 하시니 심지어 사람들이 바울의 몸에서 손수건이나 앞치마를 가져다가

병든 사람에게 얹으면 그 병이 떠나고 악귀도 나가더라'

문제는 바울의 복음전도로 적지 않은 소동이 일어나게 됩니다(행 19:23). 당시 아데미 신상 모델을 만들어 여러 직공을 데리고 적지 않은 돈벌이를 하고 있었던 데메드리오가 바울이 자기들의 신앙과 사업에 타격을 입히고 있다고 생각하고 사람들을 선동하는 바람에 큰 소동이 일어났습니다. 그 소용돌이 속에서 무리들이 폭도로 돌변하여 바울을 잡고자 했지만, 바울은 이미 피신한 상태라 바울이 보이지 않자 가이오와 아리스다고를 붙잡아 연극장으로 끌고 가는 사태까지 벌어졌습니다. 이때 가이오와 아리스다고를 만나게 되는데, 무리들이 왜 가이오와 아리스다고까지 끌고 갔는지에 대해서는 정확히 알 수 없으나 아마도 이들이 바울과 함께 다닌 사람으로 알고 그렇게 한 것 같습니다. 가이오와 아리스다고는 그렇게 에베소에서 아데미 숭배자들에게 붙들려 곤욕을 치렀던 사람입니다.

이 사태 이후 사도 바울은 제3차 전도 여행을 떠나게 되는데, 그 일행 중에 아리스다고가 동행한 것을 보게 됩니다(행20:4). 아마도 아리스다고는 이때부터 바울의 동역자가 되었습니다. 그리고 그는 바울이 로마로 압송당해 갈 때 로마까지 동행합니다(행27:2). 그는 바울이 로마 감옥에 갇혔을 때도 함께 한 사람입니다(골4:10). 그는 끝까지 바울을 도운 동역자임이 틀림없습니다.

4. '데마'(Demas, 데마스)

'데마'는 '다스리는 자'라는 뜻의 이름입니다. 처음 데마는 바울의 친구이자 동역자였습니다. 적어도 지금 사도 바울이 로마 감옥에서 빌레몬서를 쓰고 있을 때까지는 그랬습니다(골4:14, 몬1:24). 그러나 사도 바울이 두 번째 로마 감옥에 투옥되어 죽음을 앞두고 마지막 서신인 디모데후서를 쓰고 있을 당시에는 데마는 바울 곁에 없었습니다.

디모데후서 4:10 '데마는 이 세상을 사랑하여 나를 버리고 데살로니가로 갔고...'

데마를 볼 때 앞에서 살펴본 '마가'와 비슷하지만 다른 느낌을 받습니다. 데마는 바울을 버리고 떠나고 없었습니다. 바울과 끝까지 함께 하지 못했습니다. 왜 그랬을까요? 그 이유를 우리는 알 수 없지만, 바울의 말에 의하면 데마는 첫째 이 세상을 사랑했고, 둘째 바울을 버렸고, 셋째 데살로니가로 갔습니다.

이런 데마를 향한 바울의 심정은 어떠했을까요? 배신감을 느꼈을지도 모릅니다. 예수님도 가룟 유다가 자신을 배반할 것을 아시면서도 끝까지 사랑했듯이(요13:1), 바울도 그런 데마를 사랑했을 것입니다. 데마는 그 이름대로 자기 자신을 다스리지 못한 사람입니다.

디도

참고로, 마가와 데마를 보면서 또 한 사람이 생각납니다. 바로 '디도'

입니다.

> 고린도후서 2:12-13 '내가 그리스도의 복음을 위하여 드로아에 이르매 주 안에서 문이 내게 열렸으되 내가 내 형제 디도를 만나지 못하므로 내 심령이 편하지 못하여 그들을 작별하고 마게도냐로 갔노라'

이때의 정황을 정확하게 알 수 없지만, 아마도 바울은 자신이 에베소에 있을 때 소위 '눈물의 편지'로 불리는 서신을 고린도에 전달하는 임무를 맡겨 파송한 디도를 드로아에서 만나기로 하였습니다. 그러나 아무리 기다려도 오지 않았습니다. 바울은 당시 디도가 가져다줄 고린도 방문의 결과에 대한 소식을 초조하게 기다렸지만, 그가 오지 않자 점점 마음이 편치 못했습니다. 얼마나 속이 상했을까 생각도 듭니다. 그가 무슨 사정으로 약속한 일자와 장소에 나타나지 않았는지 알 수 없지만, 오늘날처럼 통신이 발달해 있었던 시대가 아니라 주로 인편(人便)을 통해 연락을 주고받는 시대였기에, 사람이 나타나지 않으면 얼마나 궁금하고 불안하고 애가 타겠습니까?

시간이 갈수록 바울의 마음은 몹시 불편해져 갔습니다. 그때는 그런 디도를 몹시 미워했을지도 모릅니다. 하지만 디도 역시도 나중에 바울을 만나 바울의 동역자로 헌신했습니다. 그런 디도를 바울은 '내 형제'라고 했고, '디도로 말하면 나의 동료요 너희를 위한 나의 동역자'(고후8:23)라고 했고, '나의 참 아들'(딛1:4)로 부르고 있습니다.

5. '누가'(Luke, 루카스)

바울은 동역자 가운데 맨 마지막으로 '누가'를 소개하고 있습니다. '누가'는 누가복음과 사도행전을 기록한 사람인 동시에 바울의 동역자였습니다. 특히 누가는 정통 유대인이 아닌 이방인으로 알려져 있습니다. 그리고 누가는 의사였습니다.

골로새서 4:14 '사랑을 받는 의사 누가와 또 데마가 너희에게 문안하느니라'

바울의 서신들을 통해 볼 때 누가는 골로새 교회에 안면이 있었고, 빌레몬이나 디모데와도 친분이 있었다는 것을 알 수 있습니다(딤후 4:11). 중요한 것은 바울에게 있어서 누가는 '사랑을 받는 의사 누가'였다는 사실과(골4:14) 바울이 로마 감옥에 첫 번째 투옥되었을 뿐만 아니라(본문) 두 번째로 투옥되었을 때도 끝까지 바울 곁에 남아 있었습니다.

디모데후서 4:11 '누가만 나와 함께 있느니라'

이것은 데마와 또 다른 의미를 던져 주고 있습니다. 데마는 세상을 사랑하여 바울을 버리고 떠나갔지만, 누가만이 끝까지 바울 곁에 남아 있었다는 사실이 위안을 주고 있습니다. 이 사람들 외에도 동역자로 바울을 섬긴 사람은 '유스도' '그레스게' '두기고' 등이 있습니다. 이들은 다 바울의 동역자들이자 친구들인 셈입니다. 신앙에 있어서 얼마나 좋은 동역자와 친구들이 있느냐는 매우 중요합니다.

문안

이렇게 바울은 자신의 동역자들과 함께 빌레몬에게 문안 인사를 함께 전합니다. 바울이 동역자들의 이름을 함께 거론한 것은 그 사람들이 빌레몬을 잘 아는 사람들이기 때문입니다.

'문안하느니라'(아스파제타이)라는 의미는 '인사하다' '행복을 빌다'라는 뜻으로 당시 성도들 사이에서 교회의 번영과 부흥을 위한 축복 인사로서 주로 사용된 단어입니다.

바울의 여러 동역자들을 보면서 신앙을 가르칠 때마다 자주 사용하는 말이 생각납니다. '신앙은 끝까지 가봐야 안다.'라고.

운동 경기 때도, 특히 야구 같은 경우 '경기는 9회 말부터다'라는 말이 있듯이, 끝까지 시합에 임하는 것이 중요함을 누구나 다 알고 있습니다. 신앙이 그렇습니다. 신앙도 끝까지 가봐야 알 수 있습니다. 바울의 다섯 명의 동역자 가운데서도 끝까지 함께 하는 사람이 있는가 하면, 중도에 떠나간 사람도 있습니다.

사명도 직분도 마찬가지입니다. 끝까지 신앙을 지키고, 끝까지 사명을 다하기가 절대 쉽지만은 않겠지만 '끝까지 견디는 자가 구원을 얻는다'(마24:13)라고 했으니 무엇이든 끝까지 가는 것이 중요합니다.

히브리서 3:14 '우리가 시작할 때에 확신한 것을 끝까지 견고히 잡고 있으면 그리스도와 함께 참여한 자가 되리라'

요한계시록 2:26 '이기는 자와 끝까지 내 일을 지키는 그에게 만국을 다스리는 권세를 주리니'

1. 바울의 동역자들을 보면서, 동역자들로 인해 마음이 기쁠 때도 있고 위로가 될 때도 있지만, 때로는 마음이 아프고 괴로울 때도 있다는 사실을 보게 됩니다. 나는 어떤 동역자인가요?

2. 경기도 끝까지 가봐야 승패가 나고, 신앙도 끝까지 가봐야 알 수 있듯이, 내가 맡은 사명과 직분에 대해 끝까지 감당할 자신이 있는지요?

3. 나의 동역자는 누구이며, 또 나는 누구의 동역자입니까?

제8장 마지막 축원(25절)

'우리 주 예수 그리스도의 은혜가 너희 심령과 함께 있을 지어다'(25절)

끝으로, 그리스도의 은혜가 빌레몬과 그의 가정과 교회와 성도들에게 함께 하시기를 축원함으로 짧은 서신은 끝나고 있습니다.

이런 바울의 마지막 축도는 갈라디아서와(갈6:18) 빌립보서에서(빌4:23) 동일한 형식으로 기록되어 있습니다.

'심령'(프뉴마토스)은 '혼' '영'을 의미하는 말로 하나님과 교제하는 기관입니다. 즉 사람의 생각과 행동을 지배하는 중요한 부분입니다. 따라서 바울의 축도는 그리스도 안에서 나타난 하나님의 은혜가 빌레몬과 그의 가정이자 교회와 속한 모든 성도들의 생각과 행동, 즉 전체적인 삶 속에서 함께 동행하기를 기원하고 있습니다. 어쩌면 심령의 축복은 건강의 복(福)이나 물질의 복이나 명예의 복보다 더 중요한 축복입니다. 예수 그리스도만이 우리의 '주'(퀴리오스)가 되십니다. 예수 그리스도만이 우리에게 '은혜'(카리스)를 주십니다. 우리 심령에 하나님의 은혜가 충만한지, 우리 가정에 하나님의 은혜가 충만한지, 우리 교회에 하나님의 은혜로 충만한지 살펴봅시다. 우리의 심령이 이런 축도를 받을 만한 준비가 되어 있는지 살펴봅시다. 사도 바울은 이 서신의 서두에서 빌레몬과 그의 가정(교회)을 위해 '은혜'를 기원하고(3절), 마지막에도 '은혜'로 마무리를 합니다(25절). 어쩌면 우리의 삶도 '은혜'로 시작하여(3절) '은혜'로 마치는 것이(25절) 아닌가 생각됩니다. 우리 모두는 하나님의 은혜가 아니면 살아길 수 없는 연약한 존재임을 다시 한번 깨달으며, 끝까지 하나님의 은혜 안에 거하는 우리 모두가 되기를 소망합니다.

갈라디아서6:18 '형제들아 우리 주 예수 그리스도의 은혜가 너희 심령에 있을지어다 아멘'

빌립보서4:23 '주 예수 그리스도의 은혜가 너희 심령에 있을지어다'

나가는 글

빌레몬서를 마무리하면서 몇 가지로 정리하고자 합니다.

감옥에서

첫 번째 생각은 '감옥에서'입니다.

사도 바울은 복음을 전하다가 로마 감옥에 투옥되었고, 빌레몬의 종이었던 오네시모는 감옥에서 사도 바울을 만났고, 바울을 만난 오네시모는 그 감옥에서 복음을 들으므로 예수 그리스도를 영접했고, 예수 그리스도를 영접한 그는 그 감옥에서 변화된 사람이 되었다는 것입니다. 변화된 오네시모 때문에 사도 바울은 그 감옥에서 그의 주인이었던 빌레몬을 생각하게 되고 결국에는 이 빌레몬서를 기록했다는 사실입니다.

'감옥'은 원래 죄수들을 가두는 곳입니다. 그러니 누가 감옥에 가고 싶겠습니까? 그런데 빌레몬서를 통해 깨닫는 교훈이 있다면, 감옥 간다고 해서 인생이 다 끝나는 것은 아니라 얼마든지 새사람이 될 수 있다는 것입니다. 지금 우리도 감옥 같은 세상, 감옥 같은 가정, 감옥 같은 직장을 느낄지 모릅니다. 하지만 그런 감옥 같은 곳에도 하나님이 계시고 주님이 계시며, 복음이 있고 전도자가 있다는 사실을 안다면, 우리도 누군가를 통해 복음을 듣게 되고, 예수를 만나게 되고, 신앙이 회복되어 얼마든지 새로운 사람으로 변화될 수 있습니다. 감옥은 우리를 구속하지만, 예수는 우리를 자유케 합니다(눅4:18, 요8:32,36, 갈5:1). 주인은 종을 지배하지만, 예수의 영은 우리를 자유케 합니다(고후3:17). 죄는 우리를 얽매이지만, 그리스도의 의는 우리를 자유케 합니다(롬6:20).

혹시 지금도 감옥 같은 세상에서 감옥 같은 삶을 살고 있다면 너무 낙심하지 마십시오.

감옥 안에도 하나님이 계십니다.
감옥 안에도 성경책은 있습니다.
감옥 안에도 믿는 자들이 있습니다.
세상 속에도 전도하는 사람들이 있습니다.
사방에 교회들이 많이 있습니다.
그들을 만나보세요. 그들의 말을 들어보세요.
성경을 열어 읽어보세요. 교회를 찾아가보세요.

그러면 하나님을 만나게 됩니다.
그러면 영혼이 구원 얻게 됩니다.
그러면 참된 자유를 맛보게 됩니다.
그러면 변화된 사람이 됩니다.
그러면 유익한 사람이 됩니다.
바울처럼, 디모데처럼, 빌레몬처럼, 오네시모처럼 말입니다.

하나님의 섭리

빌레몬서를 마무리하면서 두 번째 생각은 '하나님의 섭리'입니다. 감옥에서 이루어진 그 모든 일이(오네시모가 감옥에서 바울을 만난 일, 오네시모가 감옥에서 변화된 일, 바울이 감옥에서 편지를 쓰게 된 일 등) 우연히 일어난 일이 아니라 하나님의 섭리임을 믿게 됩니다.

빌레몬의 종이었던 오네시모가 어떻게 해서 로마까지 가게 되었는지, 로마까지 간 오네시모가 어떤 일로 감옥에 가게 되었는지, 그 감옥에서 어떻게 사도 바울을 만나게 되었는지, 이 모든 일에는 분명 하나님의 인도하심이 있었습니다.

구약성경 '룻기'에도 보면, 시어머니인 나오미를 따라 유대 베들레헴으로 돌아온 모압 여인 룻이 이삭을 줍기 위해 밭으로 나갔는데 '우연히 엘리멜렉의 친족 보아스에게 속한 밭에 이르게'(룻2:3) 됩니다. 이 일로 결국 룻과 보아스가 만나게 되어 두 사람은 결혼하게 되고, 오벳을 낳게 되는데 오벳은 다윗의 할아버지입니다. 이것을 볼 때 우연히 일어난 일인 것 같지만 그 뒤에는 분명 하나님의 섭리가 있었습니다.

오네시모 역시 세상적으로 보면 노예의 신분이었지만, 그런 오네시모를 사랑하여 사도 바울을 만나게 해 주신 분이 하나님이요, 그에게 사도 바울을 통해 복음을 듣게 하고 믿게 해 주신 분이 예수님이요, 그를 변화시켜 무익했던 그를 유익한 사람으로 만들어 주신 분이 성령님이십니다. 그리고 그런 오네시모를 보면서 빌레몬을 생각하게 하고 사도 바울을 감동시키사 이 서신을 쓰게 하신 분도 역시 하나님이십니다.

이렇게 감옥에서 일어난 일들이 우연히 아니라 하나님의 섭리임을 다시 한번 생각해 보게 됩니다.

그리고 하나님이 하시는 일이 오늘날 복음의 힘입니다. 핍박자 사울을 변화시켜 사도 바울이 되게 하고, 무익한 종 오네시모를 변화시켜 유익한 하나님 나라의 종이 되게 한 것도 복음의 힘입니다. 복음은 이렇게 인간관계를 변화시킬 뿐만 아니라 사회적 제도까지 변화시킬 수 있는 힘을 가지고 있습니다. 바로 주종관계였던 빌레몬과 오네시모를 믿음 안에서 하나 되게 하고, 그 당시 노예제도까지 무너뜨린 힘이 바로 복음이었습니다. 복음 안에서 변화되지 않을 사람은 없습니다.

빌레몬의 순종 여부

빌레몬서를 마무리하면서 세 번째 생각은 '빌레몬의 순종 여부'입니다. 그것은 서두에서도 말씀드렸듯이, 과연 빌레몬이 사도 바울이 보낸 이 서신을 받아 읽고 오네시모를 종이 아닌 믿음의 형제로 받아주었을까 하는 문제입니다.

우리는 그 해답을 성경에서는 찾을 수가 없습니다. 그러나 추측은 가능하리라 생각합니다. 그 해답은 빌레몬이 오네시모를 받아주었을 것이라는 추측입니다. 왜 그런 추측이 가능할까요? 만약 빌레몬이 오네시모를 받아 주지 않았다면 이 빌레몬서가 세상에 공개되었을 리가 없습니다. 만약 빌레몬이 오네시모를 받아주지 않았다면 어떻게 이 빌레몬서가 성경에 기록될 수 있었을까요?

이 빌레몬서를 처음에는 빌레몬이 읽었을 것입니다. 그다음에는 그의 가족들이(압비아와 아킵보) 읽었을 것입니다. 그리고 그다음에는 골로새교회 성도들이 읽었을 가능성이 있습니다.

그런데 만약 빌레몬이 이 서신의 내용대로 오네시모를 받아주지 않았다면, 그를 용서해 주지 않았다면, 아마도 이 서신은 세상에서 사라졌을 것입니다. 마치 모세가 처음 하나님께 받은 십계명이 적힌 두 돌판을 던져 깨뜨렸듯이 말입니다(출32:15-20). 아무리 하나님의 말씀이라도 지키지 않으면 아무 소용이 없기 때문입니다.

만약 빌레몬이 바울의 말을 듣지 않았다면, 아마도 이 서신은 골로새교회 성도들에 의해 불에 태워졌거나 그들의 손에서 찢어졌을지도 모릅니다. 이들보다 가족들이 반대했으면 가족들의 손에, 빌레몬이 수긍하지 않았다면 빌레몬의 손에 이미 찢어졌을 것입니다. '내가 왜?' '우리가 왜?'

따라서 빌레몬서가 존재한다는 것은, 사도 바울이 부탁한 대로 빌레몬이 오네시모를 그리스도의 사랑으로 믿음의 형제로 받아주었다는 증거라는 사실로 믿고 싶습니다. '그래!' '그래야지!' '그렇게 합시다!' 이로 말미암아 오네시모는 골로새교회를 섬기는 또 한 사람의 종이 되었습니다. 빌레몬과 아킵보를 섬기는 또 한 사람의 동역자가 되었습니다. 따라서 우리는 빌레몬의 넓은 마음과 사랑과 용서를 다시 한번 되새기는 시간이 되었으면 합니다. 그리스도의 사랑 안에서 용서 못 할 사람이 누가 있겠습니까?

저는 개인적으로 만약 '빌레몬후서가 있다면...' 이런 생각까지 해보게 됩니다. 빌레몬후서가 있다면 빌레몬과 오네시모와의 주종관계가 아닌 믿음 안에서의 형제 관계로 어떻게 사랑하며 섬겼는지의 이야기와 변화된 오네시모가 믿음의 성도로서 어떻게 골로새교회를 섬겼는지에 대한 아름다운 이야기가 기록되었을 것으로 생각해 봅니다.

이런 의미에서 이제 빌레몬후서는 저와 여러분들이 믿음 안에서 서로 사랑하며 섬기는 아름다운 이야기로 기록되기를 바랄 뿐입니다.

너도 이와 같이 하라

빌레몬서를 마무리하면서 마지막 네 번째 생각은 '너도 이와 같이 하라'(눅10:37)는 예수님의 말씀입니다. 이 말씀은 너무나 잘 아는 누가복음 10장 25-37절에 나오는 '선한 사마리아 사람의 비유'에서 마지막으로 하신 예수님의 말씀입니다. 이 비유의 핵심이자 결론은 '누가 강도 만난 자의 이웃이냐?'는 예수님의 질문에 '자비를 베푼 자'라고 대답하자 '가서 너도 이와 같이 하라'는 말씀입니다. 만약 빌레몬이 종이었던 오네시모를 믿음의 형제로 받아 주었다면 그는 분명 '자비를 베푼 자'라고 할 수 있습니다. '용서를 베푼 자'라고 할 수 있습니다. '형제 사랑을 실천한 자'라고 할 수 있습니다. 그러니 '가서 너도 이와 같이 하라'는 말씀입니다.

우리는 '서로 사랑하라' '서로 용서하라' '서로 화목하라' '서로 이해하라' '서로 용납하라'라는 말을 수없이 듣지만, 정작 그렇게 실천하지 못하는 것이 우리의 현실입니다.

그러나 이제 우리도 '너도 이와 같이 하라'는 예수님의 말씀을 기억하면서, 또 빌레몬의 믿음과 사랑을 기억하면서 용서하고 자비를 베푸는 자들이 되었으면 합니다. 그러기 위해서는, 지금 우리를 가로막고 있는 높은 벽(담)을 허물어야 합니다. 주인과 종의 벽, 고용주와 고용인의 벽, 높은 자와 낮은 자의 벽, 가진 자와 가지지 못한 자의 벽, 배운 자와 배우지 못한 자의 벽, 강한 자와 약한 자의 벽 등을 무너뜨리고, 모든 사람을 나의 형제요 자매로 받아들인다면 우리는 분명 선한 사마리아 사람으로, 자비를 베푼 사람으로 인정받을 수 있습니다.

빌레몬 가정처럼

 마지막으로, 우리는 지금 '코로나19'라는 무서운 바이러스가 세계를 무력화시키고 있습니다. 감염을 예방하기 위해 공적 예배가 취소되고 비대면 온라인예배를 드리고 있는 실정입니다. 주일이면 어김없이 가족들과 함께 교회에 나가 공적 예배에 참석하던 일상이 무너지고, 각 가정에서나 있는 처소에서 인터넷으로 예배를 드려야 하는 안타까운 실정입니다. 이럴 때 우리는 '빌레몬 가정처럼' 우리의 가정들이 예배처소가 되고, 가정교회가 되어서 온 가족이 모여 하나님께 예배드린다면 얼마나 좋을까 생각해 봅니다.
 우리는 그동안 교회에서 드리는 공적 예배에만 길들여온 것은 사실입니다. 혹 구역예배나 셀모임 등을 통해 가정에서 예배를 드리기도 하였지만, 인도자에 의한 예배였을 것입니다. 실제로 순수하게 각 가정에서 가족들만 모여 예배를 드리는 경우는 그리 많지 않을 것입니다. 따라서 이번 코로나 사태로 인해 우리는 신앙생활의 패턴과 예배 패턴을 바꿀 필요가 있을 것입니다. 누구나 예배를 인도할 수 있고, 누구나 성경을 가르칠(설교할) 수 있는 훈련과 습관이 필요할 때입니다. 물론 이것이 하루아침에 되는 일은 아닐 것이지만, 분명한 사실은 '만민제사장 시대'가 도래했다는 사실만큼은 부인할 수 없을 것입니다. 그러기에 이제는 교회에서 하던 일(예배)들을 가정에서도 해야 하며, 목회자들이 하던 일을 가장들이 해야 할 것입니다. 이제는 누구나 제사장이 되어야 하며, 이제는 누구나 레위인이 되어야 합니다. 이제는 누구나 전도자가 되어야 하고, 이제는 누구나 설교자가 되어야 합니다.

그 훈련을 이제부터라도 시작했으면 좋겠습니다. 내 가정부터 시작했으면 좋겠습니다. 내가 빌레몬이 되고, 내가 압비아가 되고, 내가 아킵보가 되었으면 좋겠습니다.

끝으로 '빌레몬서'는 바로 그런 하나님의 사랑이 모든 사람을 사랑하는 형제애를 보여주고 있음을 다시 한번 생각하면서 저의 부족한 글을 마무리하고자 합니다.

하나님의 크신 은혜와 축복이 함께 하시기를 기원합니다.
할렐루야!

엘림성서연구회·징검다리문서선교회는
성경과 신학, 기독교신앙을 체계적으로 연구하고 가르칩니다.
목회사역 및 신앙생활에 필요한 부분들을 돕는 역할을 합니다.
문서사역을 통해 선교에 동참하고 다음 세대를 위해 징검다리
역할을 합니다.

엘림성서연구회
징검다리문서선교회

(18116) 경기도 오산시 은여울로 59-5 나동 202호
전화 031-372-7762   팩스 031-373-7762
010-5548-9008   pcy9875@hanmail.net
후원계좌 : 신한은행 110-501-666730 표창윤(징검다리)

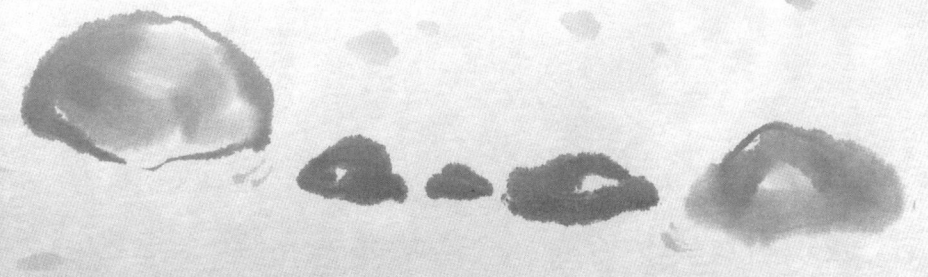

빌레몬서 강해와 묵상집
빌레몬서 안에서 참된 복음을 담아내다
무익한 종에서 유익한 형제로

발행일 | 2024년 10월 15일

지 은 이 | 표창윤
삽   화 | 박원국
펴 낸 이 | 박희정
펴 낸 곳 | 에디아

주   소 | 04557 서울시 중구 퇴계로37길 14 기종빌딩 6층
전   화 | 02-2263-6321(대표)
팩   스 | 02-2263-6322
등록번호 | 제1996-000115호(1996.7.30)

ISBN •979-89-87977-65-2 03230

정가 15,000원

이 책의 저작권은 저자에게 있습니다. 저자와 출판사의 허락 없이 책에
실린 글과 사진을 인용, 발췌하거나 사용할 수 없습니다.